Niko 3
Sprachbuch

Erarbeitet von
Carmen Elisabeth Daub (Saarland)
Anne Rommel (Baden-Württemberg)
Sandra Schmid-Ostermayer (Baden-Württemberg)
Britta Seepe-Smit (Nordrhein-Westfalen)
Sabrina Stäwen (Nordrhein-Westfalen)

Ernst Klett Verlag
Stuttgart · Leipzig

Inhalt

Miteinander lernen — 6

Gesprächsregeln	6
Wünsche für die 3. Klasse	7
Konflikte lösen	8
Satzarten (Aa?)	10
Nomen (Aa?)	11
Wörter mit Sp/sp und St/st	12
Nomen für Gefühle (Aa?)	13
Zusammengesetzte Nomen (Aa?)	14
Wörter nach dem Alphabet ordnen	15
Im Wörterbuch nachschlagen	16
Fehlertexte überarbeiten (☺)(Aa?)	17
Üben 1	18
Üben 2	19
Üben 3	20
Wörtertraining	21

Gesund und munter — 22

Verben: Grundform/Personalform	22
Wortbausteine ver- und vor-	23
Zusammengesetzte Nomen aus Verben und Nomen (Aa?)	24
Wortbausteine -ung, -nis, -heit, -keit (Aa?)	25
Wortbausteine (Aa?)	26
Wortfamilien	27
Nach kurzem Selbstlaut: lk, nk, rk, lz, nz, rz	28
Nach kurzem Selbstlaut: doppelter Mitlaut (☺)	29
Nach kurzem Selbstlaut: ck	30
Nach kurzem Selbstlaut: tz	31
Rezept	32
Üben 1	34
Üben 2	35
Üben 3	36
Wörtertraining	37

Du und ich und wir — 38

Schriften vergleichen	38
Nach langem Selbstlaut: ß (M)	39
Nach langem Selbstlaut: Dehnungs-h (M)	40
Lang gesprochenes i: ih oder i? (M)	41
Präsens und Präteritum	42
Präsens, Präteritum und Perfekt	43
Berufe	44
Stichwörter	45
Sachtexten Informationen entnehmen 1	46
Sachtexten Informationen entnehmen 2	47
Ein Plakat gestalten	48
Ein Plakat präsentieren	49
Üben 1	50
Üben 2	51
Üben 3	52
Wörtertraining	53

Erklärung für die Farbunterlegungen des Inhaltsverzeichnisses

Inhalte aus den Kompetenzbereichen „Richtig schreiben" sowie „Sprache und Sprachgebrauch untersuchen"

Inhalte aus dem Kompetenzbereich „Texte verfassen"

Kompendium/Methodenseiten

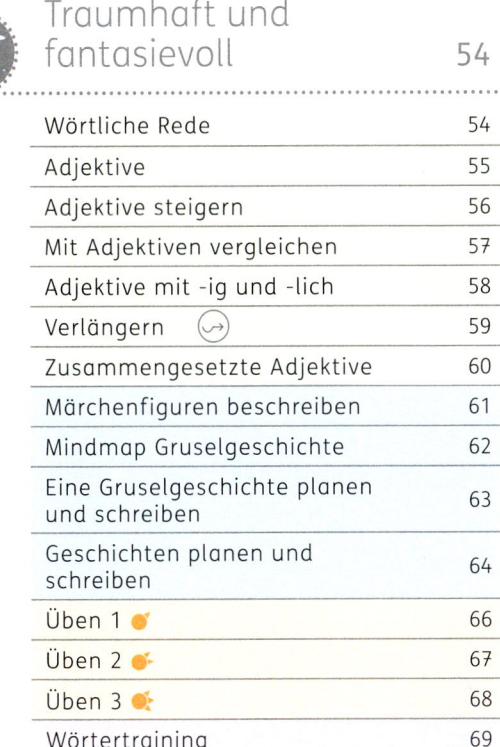

Traumhaft und fantasievoll — 54

Wörtliche Rede	54
Adjektive	55
Adjektive steigern	56
Mit Adjektiven vergleichen	57
Adjektive mit -ig und -lich	58
Verlängern	59
Zusammengesetzte Adjektive	60
Märchenfiguren beschreiben	61
Mindmap Gruselgeschichte	62
Eine Gruselgeschichte planen und schreiben	63
Geschichten planen und schreiben	64
Üben 1	66
Üben 2	67
Üben 3	68
Wörtertraining	69

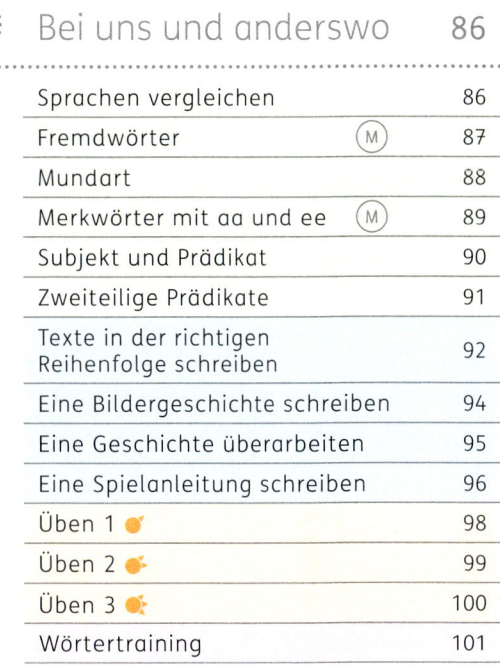

Bei uns und anderswo — 86

Sprachen vergleichen	86
Fremdwörter (M)	87
Mundart	88
Merkwörter mit aa und ee (M)	89
Subjekt und Prädikat	90
Zweiteilige Prädikate	91
Texte in der richtigen Reihenfolge schreiben	92
Eine Bildergeschichte schreiben	94
Eine Geschichte überarbeiten	95
Eine Spielanleitung schreiben	96
Üben 1	98
Üben 2	99
Üben 3	100
Wörtertraining	101

Der Natur auf der Spur — 70

Wörter mit ie und i	70
Wörter mit h am Silbenanfang	71
Ableiten: Wörter mit ä und äu	72
Satzglieder	74
Pronomen für Nomen	76
Subjekt und Prädikat	77
Einen Sachtext schreiben	78
Einen Sachtext überarbeiten	80
Üben 1	82
Üben 2	83
Üben 3	84
Wörtertraining	85

Unsere Erde, unser Zuhause — 102

Zusammengesetzte Nomen	102
Gegenteilige Adjektive mit un-	103
Nach kurzem Selbstlaut: ss	104
Merkwörter mit Qu/qu	105
Zeit- und Ortsbestimmung	106
Präteritum und Perfekt	107
Einen Erlebnisbericht schreiben	108
Meinungen begründen	110
Anredepronomen	111
Ein Interview planen und durchführen	112
Üben 1	114
Üben 2	115
Üben 3	116
Wörtertraining	117

Bücherwurm und Computermaus — 118

Umfrage	118
Eine Pro-kontra-Diskussion führen	119
Informationen recherchieren	120
Ein Tagebuch schreiben	122
Ein Lesetagebuch schreiben	123
Einen Buchtipp schreiben	124
Ein Hörspiel planen und gestalten	126
Verlängern: b/d/g am Wortende	128
Verlängern: b/d/g im Wortinneren	129
Üben 1	130
Üben 2	131
Üben 3	132
Wörtertraining	133

Durch das Jahr — 134

Herbst: Bastelanleitung Blättertiere	134
Halloween: Bildergeschichte	135
Weihnachten: Bethlehem-Rap	136
Weihnachten: Parallelgedicht	137
Weihnachten: Rezept für ein Butterkekshaus	138
Weihnachten: Feste in anderen Ländern	139
Frühling: Geschichten und Gedichte schreiben	140
Frühling: Ein Haiku schreiben	141
Sommer: Geschichte und Gedicht	142
Sommer: Einen Comic zeichnen	143

Kompendium — 144

Fachbegriffe	144
Eine Geschichte planen und schreiben	148
Eine Geschichte überarbeiten	150
Einen Erlebnisbericht planen und schreiben	151
Einen Sachtext planen und schreiben	152
Einen Sachtext überarbeiten	154
Personenbeschreibung	155

Wörterliste	156
Übersicht über die Lerninhalte	164

Die Kinder der Niko-Klasse 3

Miteinander lernen

Gesprächsregeln

1 Welche Gesprächsregeln beachten die Kinder nicht? Erzählt zum Bild.

2 Welche Gesprächsregeln habt ihr in der Klasse? Sprecht darüber.

3 Was hat dir in den Ferien gefallen, was nicht? Begründe.

4 Macht eine Ausstellung mit euren Ferienerinnerungen.

Wünsche für die 3. Klasse

1 Was wünschst du dir für die 3. Klasse?
Erzähle und begründe.

Ich wünsche mir mehr Musikunterricht, weil ich gerne singe.

Ich wünsche mir weniger Hausaufgaben, weil ich lieber spielen möchte.

Ich wünsche mir eine Olympiade, weil ich sportlich bin.

2 Schreibe deine Wünsche für die 3. Klasse auf Karten.

3 Hängt eure Wünsche im Klassenzimmer auf.
Sind alle Wünsche erfüllbar?
Gibt es Wünsche, die nicht erfüllt werden können? Warum nicht?
Vergleicht und sprecht darüber.

4 Welche drei Wünsche findest du besonders wichtig?
Entscheide dich und klebe jeweils einen Punkt
auf diese Karten.

5 Welche Wünsche haben viele Punkte bekommen?
Besprecht, wie die Wünsche erfüllt werden können.

Konflikte lösen

 1 Was ist hier passiert? Sprecht darüber.

 2 Wie könnte der Streit ausgehen?
Spielt die Szene mit eurer Lösung nach.

> Zwei Kinder helfen Ole und reden mit Anne.

> Anne gibt Ole das Mäppchen freiwillig zurück.

> Ole schlägt Anne und reißt ihr das Mäppchen aus der Hand.

> Ole holt die Lehrerin zu Hilfe.

 3 Begründet, warum ihr diese Lösung für den Streit gewählt habt.

4 Anne und Ole wollen sich beide entschuldigen.
Welche Entschuldigung findet ihr gut? Sprecht darüber.

> Ich habe doch nur Spaß gemacht!

> Bitte entschuldige, wenn ich dir wehgetan habe.

> Wenn du mich ärgerst, darf ich dich auch schlagen.

> Tut mir leid, dass ich dich geärgert habe!

5 Lest Annes Entschuldigungsbriefe.
Welchen findet ihr besser? Begründet.

> Lieber Ole,
> es tut mir leid, dass ich dich gestern so geärgert habe. Ich hätte dir dein Mäppchen nicht wegnehmen dürfen.
> Ich werde dir ab sofort nichts mehr wegnehmen oder dich vorher fragen.
> Deine Anne

> Lieber Ole,
> es tut mir leid.
> Deine Anne

Ich schreibe in einen Entschuldigungsbrief:

- Anrede und Name: *Lieber Ole,*
- wofür ich mich entschuldige: *es tut mir leid, dass ...*
- was ich besser machen möchte: *Ich werde dir ab sofort ...*
- Gruß und Name: *Deine Anne*

6 Ole möchte sich auch bei Anne entschuldigen. Schreibe seinen Entschuldigungsbrief.

> Ich habe Anne auch gleich angeschrien und geschlagen. Das war gemein!

Satzarten

 1 Schreibe die Sätze auf. Setze die fehlenden Satzschlusszeichen.

Wer ist dran ▪

Darf ich mitspielen ▪

Hast du dir wehgetan ▪

Du bist dran ▪

Aua ▪

> Am Satzanfang schreibe ich immer groß.
> Es gibt verschiedene **Satzarten** und **Satzschlusszeichen**.
> Am Ende eines **Fragesatzes** steht ein **Fragezeichen**:
> Wer putzt die Tafel?
> Am Ende eines **Aussagesatzes** steht ein **Punkt**:
> Ole putzt die Tafel.
> Nach einem **Ausrufe-** oder **Aufforderungssatz** steht ein
> **Ausrufezeichen**: Putz die Tafel! Toll!

 2 Schreibe den Text richtig auf.
Setze die fehlenden Satzschlusszeichen.

alle Kinder einer Klasse sollen zusammenhalten ▪

meistens helfen sich die Kinder gegenseitig ▪

wie viele Kinder sind in deiner Klasse ▪

was gefällt dir an deiner Klasse ▪

was würdest du gerne besser machen ▪

fang doch selbst damit an ▪

Am Satzanfang schreibe ich groß.

 3 Beantworte die Fragen aus Aufgabe 2 in Sätzen.

Nomen

1 Lies den Text. Ersetze die Bilder durch Wörter.

Klassendienste

Jedes hat einen Dienst. Timo gießt die .

Ole verteilt die  aus unserem .

Nina und Anne wischen die . Lotte ordnet die

im . Marek und Rasmus stellen die  und

ordentlich auf. Ganz besonders toll ist Nikos Dienst:

Er füttert die .

2 Schreibe den Text aus Aufgabe 1 auf. Setze die Nomen ein.
Markiere die eingesetzten Nomen.

> **Nomen** (Namenwörter, Substantive) bezeichnen Menschen, Tiere,
> Pflanzen oder Dinge. Ich schreibe sie groß. Sie haben einen
> bestimmten (der, die, das) oder unbestimmten (ein, eine) **Artikel**.

3 Zeichne eine Tabelle.
Schreibe die markierten Nomen
aus Aufgabe 2 in die richtige
Spalte.

Einzahl	Mehrzahl
das Kind	...
...	die Blumen

4 Ergänze Einzahl oder
Mehrzahl in der
Tabelle aus
Aufgabe 3.

Nomen erkenne ich an ihrem Artikel.

5 Ergänze eigene Nomen in der Tabelle.

→ AH S. 9   → AH F+I S. 6   **11**

Wörter mit Sp/sp und St/st

  Wen würdest du zum Klassensprecher wählen? Begründe.

Wir möchten Klassensprecher werden

Ich möchte gerne Klassensprecher werden. Sprecht mit mir über eure Probleme!
Eure Lotte

Was ich gern mache:
Handball spielen, Stelzen laufen.
Was ich nicht mag: Spinnen und Streit.
Was ich werden möchte: ein Star.
Eure Emma

Wählt Sinan!

spaßig
stark
sportlich

 Schreibe alle Wörter mit **Sp/sp** oder **St/st** aus Aufgabe 1 in eine Tabelle. Markiere **Sp/sp** und **St/st**. Schreibe so:

Wörter mit Sp/sp	Wörter mit St/st
Klassensprecher	...

  Ergänze weitere Wörter mit **Sp/sp** oder **St/st** aus der Wörterliste oder dem Wörterbuch in der Tabelle.

 Schreibe den Text auf. Setze **Sp/sp** und **St/st** richtig ein.

Wie soll ein Klassen■recher sein?

Muss er immer ■ill und leise sein?

Darf er sich auch ■reiten? Kann er alles be■immen?

Er muss ■ortlich sein und soll viele ■äße machen. ■immt das?

→ AH S. 10

Nomen für Gefühle

1 Welche Gefühle empfinden die Kinder?
Ordnet die Wortkarten zu. Sprecht darüber.

| Wut | Trauer | Freude |

> Wörter, die **Gefühle** bezeichnen, sind **Nomen** (Substantive).
> Ich schreibe sie groß: das Glück, die Angst, der Neid.

2 Lies die Redensarten. Wann hast du dich schon einmal so gefühlt?
Erzähle oder schreibe auf: *Ich habe einmal vor Angst gezittert, als ...*

| vor Angst zittern | vor Schmerz weinen |
| vor Glück strahlen | vor Wut kochen |

3 Zeichne eine Tabelle. Trage die Nomen für Gefühle richtig ein.

angenehme Gefühle	unangenehme Gefühle
...	die Angst

| Angst | Erleichterung | Ärger | Neugierde |
| Freude | Trauer | Glück | Zorn | Wut | Spaß |

→ AH S. 11   → AH F+I S. 7

Zusammengesetzte Nomen

  1 Lest den Eintrag im Klassenratsbuch.
Wie kann der Streit gelöst werden? Sprecht darüber.

Für den Klassenrat
Wir möchten auch einmal den Fußball aus der Spielkiste.
Ole und Sinan rennen nach jeder Schulstunde
immer gleich mit dem Ball auf den Pausenhof.
  Anne und Nina

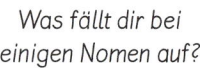
Was fällt dir bei einigen Nomen auf?

  2 Schreibe alle zusammengesetzten Nomen
aus dem Klassenratsbuch auf und zerlege sie.
Schreibe so: *der Klassenrat: die Klasse + der Rat, ...*

> **Zusammengesetzte Nomen** (Substantive) setzen sich aus einem
> Bestimmungswort und einem Grundwort zusammen:
> das Spiel   +   die Kiste   →   die Spielkiste.
> Der Artikel richtet sich immer nach dem Grundwort.
> Manchmal werden nach dem ersten Nomen ein oder zwei
> Buchstaben eingefügt (der Geburtstag, der Klassenrat) oder
> ein Buchstabe entfällt (die Schulestunde).

  3 Setze die Nomen zusammen.
Schreibe so: *die Klasse + der Ausflug → der Klassenausflug, ...*

| die Klasse | der Ausflug
das Zimmer
das Fest
der Dienst | die Schule | die Tasche
das Fest
das Heft
die Stunde |

  4 Setze die Nomen zusammen und schreibe sie auf.

Klasse + Rat + Buch   Schule + Eingang + Tür

Pause + Hof + Klingel   Geburt + Tag + Fest

14   → AH S. 12   → AH F + I S. 8

Wörter nach dem Alphabet ordnen

1 Schreibe die Wörter in jeder Zeile nach dem Alphabet geordnet auf.

| Konflikt | streiten | vertragen | entschuldigen |
| Tafel | Dienst | austeilen | füttern |

2 Schreibe die Wörter nach dem 2. Buchstaben geordnet auf.

| Ferien | frei | Flugzeug | Fahrrad |
| Klasse | Korb | krank | Kerze |

3 Schreibe die Wörter nach dem 3. Buchstaben geordnet auf.

| reden | Regel | Rezept | rechnen |
| antworten | ankommen | andere | Angst |

4 Schreibe die Wörter nach dem 4. Buchstaben geordnet auf.

| schrecklich | Schirm | Schmerz | schwimmen |
| vorsagen | vortanzen | vormachen | vorlesen |

Wörter ordne ich nach ihren Anfangsbuchstaben.
Sind diese gleich, ordne ich sie nach dem nächsten Buchstaben.

5 Welches Wort fehlt? Schreibe die Wörter nach dem Alphabet geordnet auf.

| **G**eburtstag | **D**ezember | **P**rinz | **K**rankheit |

Arzt – ▬ – **E**imer   **n**aschen – ▬ – **Q**ualle
Jahr – ▬ – **m**atschig   **F**rage – ▬ – **I**dee

Im Wörterbuch nachschlagen

  1 Sucht die markierten Wörter im Wörterbuch. Was stellt ihr fest? Sprecht darüber.

Sinan **feiert** heute Geburtstag.

Er hat einen leckeren **Zitronenkuchen** dabei.

Die **Kinder** wünschen ihm einen **schönen** Tag.

> So finde ich Wörter im Wörterbuch:
> Nomen:
> – Nomen in der Einzahl suchen:
>   die Häuser → das Haus.
> – Zusammengesetzte Nomen trennen:
>   der Klassendienst → die Klasse + der Dienst.
> Verben:
> – Verben in der Grundform suchen:
>   er steht → stehen.
> Adjektive:
> – Adjektive in der Grundform suchen:
>   kleinen → klein.

 **2** Schreibe die markierten Wörter aus Aufgabe 1 untereinander auf. Bei welchem Wort hast du das gesuchte Wort gefunden? Ergänze die Seitenzahl. Schreibe so: *feiert – feiern S. ... , ...*

  3 Zeichne eine Tabelle. Schreibe die Wörter in die linke Spalte. Bei welchem Wort hast du das gesuchte Wort gefunden? Ergänze die Seitenzahl.

gesuchtes Wort	gefunden unter:
die Bäume	*der Baum S. ...*

die Bäume · das Mauseloch · sie rennt · kalten

die Schlösser · das Klassenbuch · er läuft · schnellen

Fehlertexte überarbeiten

1 Lies Nikos Text.

> R   Schle macht mir Spaß.
> R R   ich treffe meinen freund Ali auf
> R   dem Pausnhof.
> R   Wir spieln dann Fußball.
> R   Frau simon ist auch nett.
> R R   wir lachen viel in der klasse.
>   Niko

2 Überlegt, wie die Wörter aus Aufgabe 1 richtig geschrieben werden. Welche Strategie hilft, das Wort richtig zu schreiben?

> **Strategie: Schwingen**
> In jeder Silbe gibt es mindestens einen Selbstlaut/Umlaut/Zwielaut.
>
> **Strategie: Groß oder klein?**
> Nomen und Satzanfänge schreibe ich groß.

3 Zeichne eine Tabelle.
Schreibe die falsch geschriebenen Wörter aus Aufgabe 1 richtig auf.
Ergänze die passende Strategie.

richtig geschriebenes Wort	Strategie
die Schule	in jeder Silbe ein Selbstlaut 

4 Schreibe Nikos Text aus Aufgabe 1 richtig auf.

→ AH S. 14

Üben

Wörter mit Sp/sp und St/st

1 Schreibe die Wörter in eine Tabelle. Schreibe so:

Stimme · spülen · stehen · Spaß · Strich · spitz · Straße · Sport

Sp/sp	St/st
spülen	...

Nomen für Gefühle

2 Schreibe die Sätze richtig auf.
Markiere alle Nomen für Gefühle.

Sinan strahlt vor Glück,

weil sie hingefallen ist.

Lotte kocht vor Wut,

wenn er ein Tor schießt.

Noriko weint vor Schmerz,

wenn sie geärgert wird.

Ich platze vor Stolz, wenn ich schneller bin als Niko!

Im Wörterbuch nachschlagen

3 Schlage die Wörter im Wörterbuch nach.
Schreibe die Seitenzahl auf. Schreibe so: *Pause S. ... , ...*

Pause · fühlen · richtig · Dienst · verlieren · helfen

4 Schreibe die Wörter aus Aufgabe 3 nach dem Alphabet geordnet auf.

18

Üben

Wörter mit Sp/sp und St/st

1 Schreibe die Sätze auf. Setze die Wörter richtig ein.

Stimme   spielen   Storch

Klassensprecherin   Späße   Spinat

Ich esse auch gerne Spinat.

Mila möchte ▢ werden.
Sie kann gut Handball ▢.
Mila hat eine helle ▢.
Sie macht viele ▢.
Sie isst gerne ▢ und ihr Lieblingstier ist der ▢.

2 Markiere **Sp/sp** und **St/st** in den Sätzen aus Aufgabe 1.

Nomen für Gefühle

3 Schreibe die Sätze auf.
Setze die Nomen richtig ein.

Angst   Schmerz   Glück   Wut

An meinem Geburtstag strahle ich vor ▢.
Ich weine vor ▢, wenn ich mich verletzt habe.
Bei der Nachtwanderung habe ich vor ▢ gezittert.
Wenn ich mich ungerecht behandelt fühle, koche ich vor ▢.

Im Wörterbuch nachschlagen

4 Schreibe die Nomen in eine Tabelle.
Suche sie im Wörterbuch. Schreibe so:

gesuchtes Wort	gefunden unter:
die Pausenkiste	*die Pause S. …*
	die Kiste S. …

die Pausenkiste

der Hofdienst

das Freundebuch

das Fußballtor

Üben

Nomen für Gefühle

1 Schreibe die Nomen in jeder Zeile nach dem Alphabet geordnet auf.

Hunger   Durst   Furcht   Geborgenheit   Dankbarkeit

Panik   Enttäuschung   Neid   Geduld   Eifersucht

2 Suche dir Nomen aus Aufgabe 1 aus. Schreibe mit ihnen Sätze.

Im Wörterbuch nachschlagen

3 Schreibe die Wörter in eine Tabelle.
Suche sie im Wörterbuch. Schreibe so:

gesuchtes Wort	gefunden unter:
die Schultür	die Schule S. ... die Tür S. ...

Schultür   wärmer   sie läuft

er liegt   klüger   Briefkasten

Fehlertexte überarbeiten

4 Suche die markierten Fehlerwörter im Wörterbuch.
Schreibe sie richtig in eine Tabelle.

Wörterbuchseite	richtig geschriebenes Wort
S. ...	sportlich

Klassensprecher gesucht!
Er soll sprtlich sein und viele Spässe
machen. Natührlich darf er nicht
alles bestimen, aber er muss manchmal
einen streit schlichten. Wenn wir sorgen haben,
soll er mit der Lererin darüber schprechen.

5 Schreibe den Text aus Aufgabe 4 richtig auf.

Wörtertraining

der Streit — treffen — der Spaß — ärgern
die Ferien — beginnen — spät — der Unterricht

1 Schreibe die **Übungswörter** ab.

2 Schreibe den Text ab.

Streit auf dem Schulweg
Die Ferien sind zu Ende.
Für Timo und Sinan beginnt das neue Schuljahr.
Sie treffen sich wie immer am Briefkasten.
Auf dem Weg zur Schule haben sie zuerst viel Spaß.
Aber dann ärgern sie sich gegenseitig
und kommen zu spät zum Unterricht.
Das gibt bestimmt Ärger.

So übe ich Nomen:

1. **Nomen heraussuchen:**
   Ich suche alle Nomen aus den **Übungswörtern** heraus.

   *Manche Nomen gibt es **nur** in der Einzahl **oder** **nur** in der Mehrzahl.*

2. **Einzahl und Mehrzahl aufschreiben:**
   Ich schreibe die Nomen, wenn möglich, in der Einzahl und in der Mehrzahl mit bestimmtem Artikel auf.

   der Spaß – die Späße
   / – die Ferien

3. **Zusammengesetzte Nomen bilden:**
   Ich bilde mit den Nomen zusammengesetzte Nomen.

   der Spaß + der Vogel →
   der Spaßvogel

3 Suche aus den **Übungswörtern** die vier Nomen heraus. Übe sie.

Gesund und munter

Verben: Grundform/Personalform

1 Schreibe auf, was die Kinder tun. Setze die Verben richtig ein.

| spielen | schießt | klettern | fährt |

Auf dem Spielplatz

Die Kinder ▭ auf dem Spielplatz.

Marek ▭ den Fußball ins Tor.

Ali und Sinan ▭ auf ein Baumhaus.

Niko ▭ mit einem Roller über den Spielplatz.

> Wörter, die sagen, was Personen, Tiere, Pflanzen und Dinge tun, heißen **Verben** (Tunwörter).
> Verben können in der Grundform: **spielen**
> und in der Personalform stehen: **ich** spiel**e**, **du** spiel**st**,
> **er/sie/es** spiel**t**, **wir** spiel**en**, **ihr** spiel**t**, **sie** spiel**en**.

2 Schreibe zu den Verben aus Aufgabe 1 alle Personalformen auf.

3 Schreibe alle Verben in der Personalform heraus und setze sie in die Grundform. Schreibe so: *sie leben – leben, …*

Die Kinder der 3. Klasse leben gesund.

Rasmus bewegt sich gerne draußen und treibt viel Sport.

Niko liebt frisches Obst. Merit trinkt viel Wasser.

Lotte putzt sich nach dem Essen die Zähne.

Wie hältst du dich gesund?

Wortbausteine ver- und vor-

1 Schreibe alle Verben mit **ver-** oder **vor-** heraus.

Um gesund zu bleiben, kann ich vorsorgen.
Zum Duschen verwende ich Duschgel.
Ich verteile es gleichmäßig
und wasche mich gründlich.
Auch das Zähneputzen darf ich nicht
vergessen. Damit meine Zähne gesund
bleiben, verzichte ich auf zu viele Süßigkeiten.

2 Bilde Verben mit **ver-** und **vor-**.
Schreibe sie in eine Tabelle.
Schreibe so:

Verb	ver-	vor-
suchen	versuchen	—

Manchmal passen beide Vorsilben.

suchen   spielen   binden   brennen

biegen   kommen   lesen   singen

Vorsilben verändern die Bedeutung eines Verbs:
lesen – **ver**lesen – **vor**lesen.

3 Bilde Sätze mit den Verben aus der Tabelle aus Aufgabe 2.
Schreibe so: *Ich suche mein Heft.*
            Ich versuche, mich gesund zu ernähren.

4 Sprecht über die unterschiedlichen Bedeutungen der Verben aus Aufgabe 3.

Zusammengesetzte Nomen aus Verben und Nomen

1 Lest den Text.

Noriko muss heute in die **Sprechstunde**
von Dr. Klein. Im **Wartezimmer** ist
eine **Leseecke** mit Büchern und Spielen.
Noriko sucht sich ein **Ratespiel** aus.
Sie wird aber gleich
ins **Sprechzimmer** gerufen.
Der Kinderarzt macht einen **Sehtest**.
Dann wird sie an einer **Messlatte** gemessen.
Noriko ist kerngesund.

2 Schaut euch die markierten Wörter in Aufgabe 1 an. Aus welchen Wörtern sind sie zusammengesetzt? Sprecht darüber.

> Aus Verben und Nomen (Substantiven) kann ich **zusammengesetzte Nomen** bilden. Das Verb wird zum Bestimmungswort, das Nomen zum Grundwort:
> sprechen + das Zimmer → das Sprechzimmer.

3 Zerlege die markierten Wörter aus Aufgabe 1 in Verb und Nomen:
Schreibe so: *die Sprechstunde: sprechen + die Stunde, ...*

4 Bilde aus den Verben und Nomen zusammengesetzte Nomen.
Schreibe so: *turnen + der Beutel → der Turnbeutel, ...*

| turnen | schreiben | trinken | schwimmen | lesen |

| Buch | Becher | Brille | Heft | Beutel |

Wortbausteine
-ung, -nis, -heit, -keit

1 Welche Wörter gehören zusammen?
Schreibe so: *fröhlich – die Fröhlichkeit, …*

| fröhlich | retten | gesund | geheim |

| die Gesundheit | das Geheimnis | die Rettung | die Fröhlichkeit |

> Mit den Wortbausteinen **-ung, -nis, -heit, -keit** kann ich aus
> Verben und Adjektiven **Nomen** (Substantive) bilden:
> **r**einigen – die **R**einig**ung**, **g**eheim – das **G**eheim**nis**,
> **f**rei – die **F**rei**heit**, **e**insam – die **E**insam**keit**, …

2 Bilde Nomen. Schreibe so: *reinigen – die Reinigung, …*

-ung	reinigen	werben	drohen	wohnen
-nis	wild	hindern	finster	erleben
-heit	schön	dunkel	dumm	klug
-keit	möglich	eitel	fähig	höflich

3 Schreibe alle Nomen mit **-ung**, **-heit** oder **-keit** untereinander auf.

Für unsere Gesundheit ist eine gesunde Ernährung sehr
wichtig. Wir brauchen vollwertiges Essen und viel Flüssigkeit
für unsere Entwicklung. Aber auch viel Bewegung hilft
gegen Krankheit.

4 Schreibe zu den Nomen aus Aufgabe 3 jeweils das passende Verb
oder Adjektiv. Schreibe so: *die Gesundheit – gesund, …*

Wortbausteine

> Wörter werden aus **Wortbausteinen** zusammengesetzt.
> Wortbausteine können die **Bedeutung** von Wörtern **verändern**:
> holen – **über**holen, ...
> Wortbausteine können die **Wortart verändern**:
> **f**inster – **F**inster**nis**, **d**rohen – **D**roh**ung**, ...

1 Bilde Verben mit den Vorsilben **aus-**, **um-**, **ab-**.
Schreibe so: *bauen: ausbauen, umbauen, abbauen, ...*

| aus- | um- | ab- | | bauen | laden | graben |

2 Bilde aus den Verben mit **-nis** und **-ung** Nomen.
Schreibe die Wörter in eine Tabelle.

| üben | erlauben | begraben |
| ordnen | entfernen | ergeben |

Verb	-nis	-ung
üben	—	*Übung*

3 Bilde aus den Adjektiven mit **-heit** und **-keit** Nomen.
Schreibe die Wörter in eine Tabelle.

| frei | aufmerksam | krank |
| sauber | gesund | übel |

Adjektiv	-heit	-keit
frei	*Freiheit*	—

 **4** Schreibe je ein Nomen mit
-ung, -nis, -heit, und -keit auf.

Wortfamilien

1 Schreibe alle Wörter der Wortfamilie **-bad-** heraus.

Badetag

Jeden Sonntag badet Niko in der Badewanne.
Er streut rote Badeperlen ins Badewasser.
Seinen Bademantel legt er neben die Badewanne.
Dann hüpft Niko fröhlich ins Badewasser.

2 Umkreise den Wortstamm **-bad-**.

> Wörter mit gleichem oder ähnlichem Wortstamm gehören zu einer **Wortfamilie**. Der Wortstamm kann mir helfen, alle Wörter einer Wortfamilie richtig zu schreiben:
> fahren, Autofahrer, verfahren, Fähre, …

3 Schreibe die Wörter nach den Wortfamilien **-lauf-** und **-wach-** geordnet auf. Schreibe so: *-lauf-: laufen, …*

| laufen | Wachsamkeit | Läufer | wachen |

| Wächter | weglaufen | aufwachen | Hürdenlauf |

4 Umkreise jeweils den Wortstamm in den Wörtern aus Aufgabe 3.

5 Finde zu jeder Wortfamilie ein Wort in jeder Wortart.

| -fahr- | -trag- | -rat- | -lauf- | -denk- |

Wortstamm	Nomen	zusammengesetztes Nomen	Verb
-fahr-	Fahrrad	Fahrzeug	fahren

→ AH S. 19   27

Nach kurzem Selbstlaut:
lk, nk, rk, lz, nz, rz

1 Schreibe den Text auf. Setze **lz**, **rz**, **rk** richtig ein.

Niko bereitet eine gesunde Pi■suppe vor. Er schneidet den großen Pi■ in kleine Stücke. Danach schält er das Wu■elgemüse und die Gu■e. Nun fehlen nur noch das Sa■ und die Gewü■e.

2 Markiere **lz**, **rz**, **rk**. Wird der Laut davor kurz oder lang gesprochen? Markiere kurz (•) oder lang (−).

> Nach **l**, **n**, **r**, das merk dir ja, steht nie **tz** und nie **ck**.

3 Schreibe die Wörter nach **lk**, **nk**, **rk**, **nz**, **rz** geordnet auf. Schreibe so: *lk: Wolke, …*

| Wolke | Wurzel | zanken | stark | Scherz |
| tanzen | melken | glänzen | krank | merken |

4 Schreibe die Wörter richtig auf.

zoHl   zKnra   ekHra

kraSchn   wenlke   zHre

5 Finde die sechs Fehler. Schreibe die Sätze richtig auf.

Niko liebt Piltze, Saltz und Gurcken. Er geht zum Kühlschranck. Bei dem Gedancken an die Leckereien schlägt sein Hertz schneller.

Nach kurzem Selbstlaut: doppelter Mitlaut

1 Probiert die Fantasiereise aus.

Eine Fantasiereise

Schließe deine Augen. Du bist ruhig und entspannt.
Es ist Sommer. Du liegst am Strand.
Die Sonne wärmt dich.
Sanfte Wellen rollen ans Ufer.
Am Himmel siehst du Wolken, die wie Watte aussehen.
Du willst schwimmen. Du lässt dich auf dem Wasser
treiben und fühlst dich völlig schwerelos.
Träume noch ein wenig weiter …
Nun komm wieder zurück in die Wirklichkeit.
Öffne deine Augen und strecke dich.

2 Schreibe alle Wörter mit doppeltem Mitlaut aus dem Text heraus.
Wird der Laut davor kurz oder lang gesprochen?
Markiere kurz (•) oder lang (–).

> Auf einen kurz gesprochenen Selbstlaut folgen meist zwei
> Mitlaute. Wenn ich nur einen Mitlaut höre, wird er verdoppelt:
> das Zim mer, die But ter.

3 Schreibe die Reimwörter auf.
Markiere den kurz gesprochenen Selbstlaut.
Schreibe so: nett – fett

| Keller | Pfanne | nett | Mutter | Stamm | Suppe |
| Kanne | Teller | Butter | fett | Puppe | Kamm |

4 Finde eigene Reimwörter mit doppeltem Mitlaut. Schreibe sie auf.

Nach kurzem Selbstlaut: ck

 **1** Schreibe alle Wörter mit **ck** aus dem Text heraus. Markiere **ck**.
Wird der Laut davor kurz oder lang gesprochen?
Markiere kurz (•) oder lang (−).

Die Zunge gehört zu unseren Sinnesorganen.
Wir brauchen sie, um zu schmecken.
Auf der Zunge liegen Geschmacksknospen,
die uns mitteilen, ob etwas
süß, sauer, bitter oder salzig ist.
Wenn wir Zucker schmecken, denken wir gleich:
Lecker! Deshalb schlecken wir gerne Eis oder
mögen frisches Gebäck vom Bäcker. Wer aber
zu viel Zucker isst, den zwicken die Zähne.
Deshalb müssen wir unsere Zähne richtig putzen.

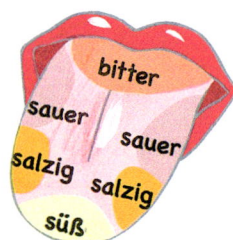

> Höre ich nach einem kurz gesprochenen Selbstlaut ein **k**,
> schreibe ich meist **ck**. Ich trenne niemals **ck**: Brü-cke, schme-cken.

2 Schreibe die Wörter in Silben getrennt auf.
Schreibe so: *Ja – cke, ...*

| Jacke | stecken | packen | Strecke | Schnecke | backen |

3 Bilde zusammengesetzte Nomen.
Schreibe so: *der Zucker + die Stange → die Zuckerstange, ...*

der Zucker	die Flocke	der Zahn
die Schnecken	die Stange
der Schnee	das Haus	die Lücke

30 → AH S. 21 → AH F+I S. 15

Nach kurzem Selbstlaut: tz

1 Lest den Text laut vor.

Ali ist beim Flitzen über den Fußballplatz in einer
Pfütze ausgerutscht. Er hat sich am Bein verletzt.
In die Wunde ist Schmutz gekommen.
Deshalb muss Ali zum Arzt. Der Arzt säubert
die Wunde. Ali schwitzt vor Aufregung.
Zum Schutz vor Schmutz und Bakterien
klebt der Arzt ein großes Pflaster auf die
Verletzung. Er sagt zu Ali: „Du darfst auf keinen Fall
die Wunde aufkratzen und bis Freitag keinen Sport treiben."

2 Schreibe alle Wörter mit **tz** heraus. Markiere **tz**.
Wird der Laut davor lang oder kurz gesprochen?
Markiere kurz (•) oder lang (–).

> Höre ich nach einem kurz gesprochenen Selbstlaut ein **z**, schreibe
> ich meist **tz**. Ich darf zwischen **t** und **z** trennen: Bl**itz**, fl**it-z**en.

3 Schreibe die Sätze richtig auf.

Im Winter se■e ich eine Mü■e auf.
Bei Schnupfen muss ich mir häufig die Nase pu■en.
Wenn es in meinem Hals kra■t,
brauche ich einen dicken Schal.
Es ist gesund, in der Sauna zu schwi■en.

4 Finde zu jedem Verb ein verwandtes Wort.
Umkreise den Wortstamm. Schreibe so: (putz)en: der (Putz)lappen, …

| putzen | blitzen | spritzen | kratzen | schützen |

→ AH S. 21

Rezept

1 Die Niko-Klasse will Kartoffel-Reibekuchen zubereiten. Schreibe die Dinge, die benötigt werden, nach Zutaten und Küchengeräten geordnet auf. Schreibe so:

Zutaten (für 4 Personen):   *Küchengeräte:*
500g Kartoffeln   *Küchenmesser*
…   *…*

500g Kartoffeln	Küchenmesser	1 kleine Zwiebel	1 Ei
Kartoffelschäler	Salz	Gemüsereibe	1 Esslöffel Mehl
große Schüssel	Öl	Rührlöffel	Waffeleisen	Pinsel

2 Schau dir die Bilder an.
Schreibe die Stichwörter in der richtigen Reihenfolge auf.

Zubereitung:

– Kartoffeln und Zwiebel schälen und reiben

– 2 Esslöffel Kartoffelteig ins Waffeleisen füllen und backen

– Backflächen mit etwas Öl einpinseln und Waffeleisen vorheizen

– Ei, Salz, etwas Mehl und die geriebene Zwiebel mit der Kartoffelmasse gut vermischen

3 Backt selbst Kartoffel-Reibekuchen.

 4 Schreibe mit den Stichwörtern aus Aufgabe 2 das Reibekuchen-Rezept auf.

So schreibe ich ein **Rezept**:
– Zuerst schreibe ich die Zutaten und die Arbeitsgeräte geordnet auf.
– Dann notiere ich die Zubereitung in der richtigen Reihenfolge.
– Ich verwende treffende Verben und unterschiedliche Satzanfänge.
– In der Überschrift schreibe ich, wie das Gericht heißt.

5 Sammelt eure leckersten Kartoffelrezepte. Stellt daraus ein Rezeptbuch zusammen.

 **6** Warum sind diese Regeln wichtig? Begründet.

Regeln für das Zubereiten von Speisen
1. Verwende zum Probieren einen Probierlöffel.
2. Binde deine langen Haare zusammen.
3. Wenn du husten oder niesen musst, drehe dich weg.

 7 Formuliere Regeln zu diesen Piktogrammen.

8 Was bedeuten diese Piktogramme? Erklärt.

Üben

Verben: Grundform/Personalform

1 Schreibe auf, was die Kinder tun.
Setze die Verben richtig ein.

schwimmt   spielen   reitet   baut

Hugo ▭ gerne im See.
Timo und Marek ▭ in ihrer Freizeit Tennis.
Emma ▭ oft in der Reithalle.
Mila ▭ mit Legosteinen Häuser.

Zusammengesetzte Nomen aus Verben und Nomen

2 Bilde zusammengesetzte Nomen.
Schreibe so: *spielen + der Platz → der Spielplatz, …*

spielen + der Platz →    kochen + der Löffel →

fahren + das Rad →    malen + der Block →

Nach kurzem Selbstlaut: ck und tz

3 Schreibe alle Wörter mit **ck** oder **tz**
untereinander auf.

Hugo springt in jede Pfütze.
Emma und Anne backen einen leckeren Kuchen.
Marek und Timo flitzen um die Wette.
Ali und Ole setzen sich auf ihre Plätze.
Alle Kinder schlecken gerne Eis.

4 Schreibe die Wörter in Silben getrennt daneben.
Schreibe so: *Pfütze – Pfüt-ze, backen – ba-cken, …*

Üben

Zusammengesetzte Nomen aus Verben und Nomen

1 Bilde zusammengesetzte Nomen.
Schreibe so: *zeigen + der Stock → der Zeigestock, …*

| zeigen | tanzen | hüpfen | baden |

| Schuhe | Ball | Zimmer | Stock |

Wortfamilien

2 Schreibe die Wörter nach ihren Wortfamilien geordnet auf.
Schreibe so: *-leucht-: leuchten, …*

| leuchten | Tanz | Gewächshaus |

| wachsen | Leuchtfeuer | tanzen |

| Tanztheater | Wachstum | Beleuchtung |

Nach kurzem Selbstlaut: ck und tz

3 Schreibe den Text auf. Setze **ck** oder **tz** ein.

Timo und Sinan erzählen sich gern Wi■e.
Lottes Ka■en pu■en ihre Ta■en.
Niko und Hugo stri■en So■en, Ja■en und Mü■en.
Der Bä■er an der E■e ba■t le■ere Plä■chen.

4 Schreibe die Wörter mit **ck** und **tz**
in Silben getrennt auf.
Schreibe so: *Witze – Wit-ze, stricken – stri-cken, …*

35

Üben

Wortbausteine

1 Schreibe den Text auf. Setze **ver-**, **an-**, **ab-**, **aus-** oder **um-** ein.

Timo hat heute ▢schlafen.
Er muss sich schnell ▢ziehen und
seinen Schal ▢binden.
Timo will Ali noch pünktlich ▢holen.
Auf dem Weg will Timo sein Brot ▢packen.
Da merkt er, dass er es ▢gessen hat.
Ob Ali ihm noch etwas von seinem Brot ▢gibt?

Zusammengesetzte Nomen aus Verben und Nomen

2 Schreibe auf, welche Verben du in den Wörtern findest.
Schreibe so: *Backform – backen, …*

| Backform | Fahrbahn | Leseecke | Laufschuhe | Schreibheft |

Wortfamilien

3 Schreibe Wörter aus den Wortfamilien **-spiel-** und **-lauf-** auf.
Umkreise den Wortstamm.

Nach kurzem Selbstlaut: ck und tz

4 Schreibe die Wörter untereinander auf. Setze **ck** oder **tz** ein.

Kirchturmspi▢e   Da▢el   Skimü▢e   Sto▢brot   me▢ern

We▢er   Bauklö▢e   Ta▢e   gli▢ern   kna▢en

5 Schreibe die Wörter aus Aufgabe 4 in Silben getrennt daneben.

36

Wörtertraining

die Brille • verlieren • der Schmutz • das Glück
die Tasse • der Arzt • schmecken • die Verletzung

① Schreibe die Übungswörter ab.

② Schreibe den Text ab.

Der Sturz

*Als Ole auf dem Spielplatz hinfällt, verliert er seine Brille.
Sie landet im Schmutz. Zum Glück ist sie nicht kaputt.
Aber Ole hat eine tiefe Wunde am Knie. Ein Arzt
muss die Verletzung behandeln. Nach dem Besuch
beim Arzt bringt ihm seine Mutter eine Tasse heißen
Kakao ans Bett. Kakao schmeckt ihm besser als Kamillentee.*

③ Suche aus den Übungswörtern die sechs Nomen heraus.
Übe sie. → SB S. 21

So übe ich Wörter durch Silbentrennung:

1. **Mehrsilbige Übungswörter aufschreiben:**
   Ich schreibe die Übungswörter untereinander auf.

2. **Silbenbögen setzen:**
   Ich setze die Silbenbögen unter
   die Übungswörter.

3. **In Silben getrennt aufschreiben:**
   Ich schreibe die Übungswörter
   in Silben getrennt daneben.

Brille:

Bril-le

---

④ Schreibe die fünf mehrsilbigen Übungswörter in Silben getrennt auf.
Schreibe so: *Bril le: Bril-le, …*

Du und ich und wir

Schriften vergleichen

1. Lest den Text. Was wisst ihr über „Schule früher"? Erzählt.

   Die Niko-Klasse beschäftigt sich mit dem Thema: „Schule früher".
   Vieles war damals anders. So schrieben die Kinder zwischen
   1915 und 1941 in der Sütterlin-Schrift mit Tinte und Feder.

2. Vergleicht die Sütterlin-Schrift mit der Schrift von heute.
   Was ist gleich? Was ist anders? Erzählt.

3. Lies die Wörter. Schreibe sie in deiner Schrift auf.

4. Schreibe deinen eigenen Namen in Sütterlin-Schrift
   auf ein kleines Schmuckblatt und verziere es.
   Du kannst mit einer Feder schreiben.

5. Sammelt eure Namenskärtchen und
   klebt sie auf ein Plakat.

Nach langem Selbstlaut: ß M

1 Lest den Text. Erzählt ihn mit eigenen Worten nach.

Sehr wichtig war früher außer Gehorsam, Ordnung und Sauberkeit auch Fleiß. Brave Kinder bekamen schließlich als Belohnung kleine Kärtchen mit süßen Bildern zum Sammeln. Manchmal standen kurze Sprüche auf den Kärtchen, wie: „Fahre fort, fleißig und folgsam zu sein." Diese Karten hießen Fleißkärtchen.

2 Schreibe alle Wörter mit **ß** aus dem Text aus Aufgabe 1 heraus. Wie wird der Laut vor dem **ß** gesprochen? Markiere kurz (•) oder lang (–).

> Ein **ß** steht nur nach einem lang gesprochenen Selbstlaut (a, e, i, o, u), Umlaut (ä, ö, ü) oder Zwielaut (au, ei, eu, ie): der F<u>u</u>ß, gr<u>ü</u>ßen, der Fl<u>ei</u>ß.

3 Schreibe die Wörter richtig auf. Markiere den lang gesprochenen Laut vor **ß**: *Fl<u>o</u>ß, …*

| Flo▪ | Fu▪ | Gro▪eltern | Gie▪kanne |
| gefrä▪ig | Strau▪ | Grö▪e | wei▪ |

4 Schreibe die Wortfamilien geordnet auf. Umkreise den Wortstamm.

| der Gruß | der Spaß | grüßen | ich grüße |
| der Kartengruß | der Spaßvogel | spaßig | das Späßchen |

Nach langem Selbstlaut: Dehnungs-h

1 Lies den Text.

Oma erzählt: „Ich wohnte weit von der Schule entfernt und musste lange dorthin laufen. Fahrräder gab es für Kinder noch nicht. Mein Schulweg war nicht gefährlich. Er führte über Felder, vorbei an einer Mühle. Damals gab es oft nur einen Lehrer und einen Klassenraum für alle Schüler. Wir saßen auf sehr engen Holzbänken. Stühle gab es keine. Manche Kinder fehlten häufig, weil sie ihren Eltern auf dem Feld helfen mussten. Schülern, die sich nicht benehmen wollten oder etwas verkehrt machten, zog der Lehrer am Ohr."

2 Schreibe alle Wörter mit Dehnungs-h aus dem Text heraus.
Wie wird der Laut vor dem Dehnungs-h gesprochen?
Markiere kurz (•) oder lang (–).

> Ein **Dehnungs-h** kennzeichnet einen lang gesprochenen Selbstlaut oder Umlaut. Es steht vor **l**, **m**, **n** oder **r**:
> f_ehl_en, n_ehm_en, _ihm_, H_ahn_.

3 Schreibe alle Verben untereinander auf.
Schreibe die er-Form daneben.
Markiere das Dehnungs-h: fühlen – er fühlt, ...

| fühlen | rühren | Mehl | zählen | Jahr | Hahn |

| gähnen | fehlen | bohren | Eisenbahn | Fahne |

4 Schreibe mit jedem Nomen aus Aufgabe 3 einen Satz.
Markiere das Dehnungs-h.

Lang gesprochenes i: ih oder i? Ⓜ

1 Lest den Text. Erklärt, warum die fett gedruckten Wörter unterschiedlich geschrieben werden.

Früher gab es **in** der Schule strenge Regeln. Kam der Lehrer **in** das Klassenzimmer, mussten alle aufstehen und **ihn** im Chor begrüßen.

> Handelt es sich um **Personen** oder **Tiere**, schreibe ich das **Dehnungs-h**. Der Selbstlaut (i) vor dem Dehnungs-h wird lang gesprochen: Wem gehört es? Wen meinst du? → **i**hm, **i**hn, **i**hr
>
> Handelt es sich um einen **Ort**, schreibe ich **kein Dehnungs-h**. Der Selbstlaut (i) wird kurz gesprochen:
> Wo? → **i**m Klassenzimmer, **i**n der Schule

2 Schreibe den Text mit den richtigen Wörtern auf.

| im | ihm | in | ihm | ihre | ihre | ihnen |

Der Lehrer steht ▭ Klassenzimmer.
Die Kinder stehen ▭ einer Reihe.
Sie zeigen ▭, dass ▭ Hände sauber sind.
Der Lehrer stellt ▭ Fragen.
Die Kinder antworten ▭.
Haben alle ▭ Hausaufgaben gemacht?

> Bei manchen Wörtern höre ich ein langes **i**, schreibe aber nur **i**.
> Ich muss sie mir merken: T**i**ger, Mus**i**k, ...

3 Schreibe die Wörter richtig auf.

 Krokod▢l  ▢gel   Margar▢ne

 B▢ber   L▢d  Benz▢n   B▢bel

Präsens und Präteritum

1 Lies den Text. Was denkst du, wie Annas Lehrer reagiert hat? Ist dir so etwas schon einmal passiert? Erzähle.

Anna stand vor der Tür des Klassenzimmers. Ihr Herz klopfte. Heute kam sie zu spät zur Schule. In ihrem Bauch kribbelte es. In ihrem Kopf klopfte es. Leise öffnete sie die Tür. Alle Kinder saßen schon in den Bänken und schrieben fleißig. Herr Schmidt saß an seinem Lehrerpult. Verärgert blickte er Anna an.

2 Woran erkennt ihr, dass in Aufgabe 1 von früher erzählt wird? Begründet eure Meinung.

> Verben geben an, in welcher Zeit etwas geschieht.
> Passiert etwas jetzt, steht das Verb im **Präsens**:
> ich **lerne**, ich **laufe**.
> Passierte etwas vor längerer Zeit, steht das Verb
> im **Präteritum** (1. Vergangenheit): ich **lernte**, ich **lief**.

3 Schreibe den Text aus Aufgabe 1 im Präsens auf.
Schreibe so: *Anna steht vor der Tür …*

4 Schreibe die Verben in eine Tabelle.
Ergänze die er-Form
im Präsens und Präteritum.

Grundform	Präsens	Präteritum
lernen	er lernt	er lernte
…	…	…

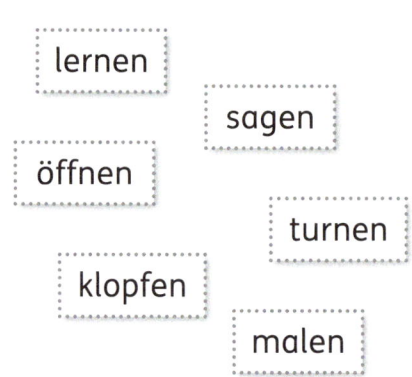

42 → AH S. 26   → AH F+I S. 18/19

Präsens, Präteritum und Perfekt

1 Erzählt Anna in der Gegenwart oder in der Vergangenheit? Begründe.

Ich bin gestern zu spät gekommen. Herr Schmidt hat mit mir geschimpft. Ich habe meine Hände vor ihm ausgestreckt. Der Lehrer hat mit dem Stock zehn Mal auf meine Finger geschlagen. Ich habe aber nicht geweint.

Es gibt verschiedene Zeitformen der **Vergangenheit**.
Das **Präteritum** (1. Vergangenheit) verwende ich meist, wenn etwas schriftlich berichtet wird: ich **lernte**, ich **lief**.
Das **Perfekt** (2. Vergangenheit) benutze ich oft beim mündlichen Erzählen eines Erlebnisses. Es wird mit den Hilfsverben „haben" oder „sein" gebildet: ich **habe gelernt**, ich **bin gelaufen**.

2 Schreibe den Text aus Aufgabe 1 ab. Markiere die Verben im Perfekt.
Schreibe so: *Ich bin gestern zu spät gekommen.*

3 Schreibe den Text aus Aufgabe 1 im Präteritum auf.
Schreibe so: *Ich kam gestern zu spät.*

4 In welcher Zeitform stehen die Sätze? Schreibe sie untereinander ab. Ergänze die Zeitform dahinter.

In der Stunde hat Hans sich einen Scherz erlaubt.
Er taucht Lores Zopf in sein Tintenfass. Lore weinte.
Unser Lehrer hat Hans an den Ohren gezogen.

5 Schreibe den Text aus Aufgabe 4 im Präsens auf.

6 Schreibe den Text aus Aufgabe 4 im Präteritum auf.

7 Schreibe den Text aus Aufgabe 4 im Perfekt auf.

Berufe

1 Früher gab es andere Berufe als heute. Welche gibt es heute nicht mehr? Welche gab es früher nicht? Begründet. Informiert euch über Berufe, die ihr nicht kennt.

Wagner   Bäcker   Magd   Zofe

Automechaniker   Taxifahrer

Schmied   Kannengießer   Bauer

Bin ich ein Kannengießer?

2 Schreibe die Berufsbezeichnungen untereinander auf.

Mein Vater ist Friseur.

Meine Mutter ist Apothekerin und mein Vater ist Arzt.

Meine Mutter ist Schneiderin.

Mein Vater ist Fotograf. Meine Mutter ist Lehrerin.

> Namen für Berufe sind auch **Nomen** (Substantive).
> Es gibt weibliche und männliche **Berufsnamen**.
> Die **weibliche Form** erkenne ich meist an dem Wortbaustein **-in**:
> der Lehrer – die Lehrer**in**.

3 Schreibe neben die Berufe aus Aufgabe 2 die männliche oder die weibliche Form. Schreibe so: *der Friseur – die Friseurin, …*

4 Welche Traumberufe habt ihr? Schreibt sie in männlicher und weiblicher Form auf ein Plakat. Malt dazu.

Stichwörter

1 Woran erkennt ihr, dass die Niko-Klasse in einem Klassenraum aus vergangener Zeit sitzt? Erzählt.

Schulmuseum
- *vor 100 Jahren*
- *über 50 Kinder in einem Raum*
- *mit Stundenglocke aufstehen*
- *enge Bänke*
- *alte, andere Schrift (Sütterlin)*
- *strenge Lehrerin*

Niko

- *100*
- *50 Kinder*
- *Stundenglocke*
- *eng*
- *Schrift*
- *Lehrerin*

Ali

Vor 100 Jahren wurden über 50 Kinder im selben Raum unterrichtet. Man schrieb in Sütterlin-Schrift.

Nina

2 Vergleicht die drei Stichwortzettel. Was fällt euch auf? Erzählt.

> Ein **Stichwort** ist ein Wort oder eine Wortgruppe, kein Satz.
> Stichwörter fassen die wichtigsten Informationen zusammen.

3 Erzähle mit Nikos Stichwörtern aus Aufgabe 1, wie die Schule früher war. So kannst du anfangen:
Vor 100 Jahren wurden über 50 Kinder zusammen in einem Raum unterrichtet.

→ AH S. 28   → AH F+I S. 20/21

Sachtexten Informationen entnehmen 1

1 Lies den Text.

Ein Klassenzimmer vor 100 Jahren

Früher gab es oft nur einen einzigen Klassenraum für alle Schüler. Natürlich war es dort sehr eng. Die Kinder saßen auf Holzbänken dicht nebeneinander. Der Lehrer saß auf einem Stuhl am Pult. Pult und Stuhl standen auf einem Podest, damit der Lehrer die Kinder besser im Blick hatte.

Im Klassenraum gab es auch einen Ofen, eine große Tafel auf Rollen und eine Rechenmaschine mit vielen kleinen bunten Kugeln zum Zählen.

Die Markierungen helfen dir.

2 Schreibe die wichtigsten Informationen in Stichwörtern aus dem Text aus Aufgabe 1 heraus.

3 Erzählt den Text mithilfe eurer Stichwörter nach.

4 Wie sieht ein Klassenzimmer heute aus? Schreibe neben deine Stichwörter zum „Klassenzimmer früher" Stichwörter zum „Klassenzimmer heute". Schreibe so:

<u>Klassenzimmer früher</u>   <u>Klassenzimmer heute</u>
– ein Klassenraum   – viele Klassenräume,
  für alle,   – Raum für Musik, Kunst …

5 Vergleicht eure Stichwörter. Ergänzt eure Tabellen.

46 → AH S. 29/30

Sachtexten
Informationen entnehmen 2

1 Lies den Text.

Schulsachen und Schreibmaterial vor 100 Jahren

Früher benutzten die Kinder andere Schulsachen als heute. Sie schrieben mit einem Griffel auf eine Schiefertafel oder mit einer Gänsefeder in ein Heft. In die Schulbank war ein kleines Tintenfass eingelassen.

Auch die Schreibschrift war schwieriger als heute. Damals lernten die Kinder die Sütterlin-Schrift. Oft mussten die Schüler die Schönschrift mit der Feder üben.

2 Schreibe die wichtigsten Informationen in Stichwörtern aus dem Text aus Aufgabe 1 heraus.

3 Erzähle den Text mithilfe deiner Stichwörter nach.

4 Welche Schulsachen hast du heute?
Schreibe neben deine Stichwörter zu „Schulsachen früher" Stichwörter zu „Schulsachen heute". Schreibe so:

Schulsachen früher *Schulsachen heute*
– *Schiefertafel,* – *Heft/Arbeitsheft,*
– *...* – *...*

5 Vergleicht eure Stichwörter. Ergänzt eure Tabellen.

→ AH S. 29/30 **47**

Ein Plakat gestalten

1 Schaut euch das Plakat an.
Erklärt, worauf man bei der Gestaltung eines Plakates achten muss.
Begründet eure Meinung.

Klassenzimmer vor 100 Jahren

- 50 Kinder oder mehr im selben Klassenraum
- Lehrer saß auf einem Stuhl am Pult auf Podest

Ausstattung:
Ofen, Tafel auf Rollen, Rechenmaschine

Klassenzimmer heute

- etwa 20 bis 25 Kinder
- Gruppentische (2 Kinder an einem Tisch)
- Lehrer hat Stuhl und Tisch

Ausstattung:
Heizung, Wandtafel, Computer, viele Materialien, Spiele

So gestalte ich ein Plakat:
- Ich schreibe Stichwörter oder kurze Sätze.
- Ich schreibe ordentlich in Druckschrift oder mit dem Computer.
- Ich schreibe groß genug.
- Ich wähle passende Fotos aus oder male zu meinem Thema.
- Ich wähle passende Überschriften.
- Ich ordne alles übersichtlich an.
- Zum Schluss klebe ich alles auf das Plakat.

 2 Gestaltet ein eigenes Plakat zum Thema
„Schule früher – Schule heute"
mit euren Stichwörtern von Seite 46/47.

Ein Plakat präsentieren

1 Wer präsentiert sein Plakat gut? Sprecht darüber.

So präsentiere ich ein Plakat:
- Ich nenne das Thema meines Plakates.
- Ich nutze meine Stichwörter.
- Ich spreche in ganzen Sätzen.
- Ich spreche laut und deutlich.
- Ich halte Blickkontakt zu meinen Zuhörern.
- Ich beantworte Fragen.
- Ich bedanke mich fürs Zuhören.

2 Sammelt weitere Merkmale für eine gute Plakatpräsentation.

3 Präsentiert eure Plakate von Seite 48.

4 Hängt die Plakate in eurer Klasse auf.

Üben

Nach langem Selbstlaut: ß (M)

1. Schreibe alle Wörter mit **ß** heraus.

   Böse Hunde können beißen.
   Kleine Kinder werden schnell groß.
   Heute gibt es Braten mit Soße.
   Auf der Straße fahren viele Autos.
   Wer zu viele Süßigkeiten isst, bekommt Karies.

Ich kann auch beißen.

2. Markiere den lang gesprochenen Laut vor **ß**: b<u>ei</u>ßen, ...

ihm/ihn oder im/in?

3. Schreibe die Sätze auf. Setze die Wörter richtig ein.

   | im | in |

   Heute spielt Nina ▬ ihrem Zimmer. Sie hat ▬ Keller eine Kiste mit alten Kleidern gefunden.

   Nun trägt Nina einen alten Hut ▬ Mutter.
   Dazu ein Hemd ▬ Vaters und Schmuck
   ▬ Oma. Das sieht lustig aus.

   | ihrer |
   | ihrer | ihres |

Präsens/Präteritum/Perfekt

4. Schreibe den Text ab. Markiere die Verben.

   Heute regnet es.
   Das gefällt Hugo nicht.
   Gestern schien die Sonne.
   Hugo hat im Garten gespielt.

5. In welcher Zeitform stehen die Verben? Schreibe sie dahinter auf.

Üben

Nach langem Selbstlaut: ß (M)

1. Schreibe die Sätze auf. Setze die Wörter mit **ß** richtig ein.

| saß | draußen | heiß | Kloß | schließlich | Schweiß |

Noriko steht ▬▬ vor der Haustür. Sie hat einen ▬▬ im Hals.
In der Mathearbeit ▬▬ sie nur da und konnte nichts lösen.
Ihr wird ganz ▬▬. Wie soll sie das ihrer Mutter erklären?
Noriko bricht der ▬▬ aus. ▬▬ klingelt sie.

ihm/ihn oder im/in? (M)

2. Schreibe die Sätze auf. Setze die Wörter richtig ein.

Norikos Mutter öffnet ▬▬ die Tür.
▬▬ selben Moment fängt Noriko an zu weinen.
Ihre Mutter nimmt sie ▬▬ den Arm und tröstet sie.
Was wird Papa zu ▬▬ sagen?
Mama beruhigt Noriko: „Ich erzähle ▬▬ alles."

| ihr | ihr | im | in | ihm |

Präsens/Präteritum/Perfekt

3. Schreibe den Text ab. Markiere die Verben.

Noriko sitzt am Küchentisch. Die Klasse hat heute eine Mathearbeit geschrieben. Noriko hat viel geübt. Trotzdem wusste sie die Lösungen nicht.

Sie sitzt. → Präsens
Sie saß. → Präteritum
Sie hat gesessen. → Perfekt

4. In welcher Zeitform stehen die Verben? Schreibe sie dahinter auf.

5. Schreibe den Text im Präteritum oder im Perfekt auf.

Üben

Nach langem Selbstlaut: ß (M)

1. Schreibe die Verben in allen Personalformen auf. Umkreise den Wortstamm.

   heißen | fließen | stoßen

ihm/ihn oder im/in? (M)

2. Schreibe den Text mit den fehlenden Wörtern auf.

   Sinan hat heute Geburtstag. Mama gibt ▭ einen dicken Kuss. Sein kleiner Bruder hat ▭ ein Bild gemalt. Darauf sieht man Sinan ▭ Zoo. Opa hat ▭ ein Trikot gekauft. Er hat es ▭ Sportgeschäft ausgesucht.

Lang gesprochenes i (M)

3. Schreibe den Text mit den fehlenden Wörtern auf.

   Sinan feiert seinen Geburtstag mit seiner F▭ .

   Am Abend sitzen sie am warmen K▭ .

   Papa kocht einen L▭ Milch.

   Alle trinken Milch mit Honig und essen A▭ .

4. Überprüfe die eingesetzten Wörter mit dem Wörterbuch.

Präsens/Präteritum/Perfekt

5. In welcher Zeitform steht der Text? Schreibe die Zeitform auf.

   Sinan feiert seinen Kindergeburtstag. Acht Freunde sitzen am Tisch. Sinan packt seine Geschenke aus. Danach spielen sie lustige Spiele.

6. Schreibe den Text im Präteritum und im Perfekt auf.

Wörtertraining

schließen   führen   die Führung   die Maschine

der Beruf   bloß   interessant   die Lehrerin

1. Schreibe die Übungswörter ab.

2. Schreibe den Text ab.

   Im Museum

   Die Niko-Klasse besichtigt mit ihrer Lehrerin das Schulmuseum. Ein Mann führt sie herum und erklärt ihnen alles. Leider dauert die Führung bloß eine halbe Stunde. Sie sehen eine interessante Rechenmaschine, alte und neue Schulbücher und viele Fotos. Dann schließt das Museum. Niko überlegt, ob Lehrer ein Traumberuf ist.

3. Suche aus den Übungswörtern die vier Nomen heraus. Übe sie. → SB S. 21

So übe ich Verben:

1. **Verben heraussuchen:**
   Ich suche alle Verben aus den Übungswörtern heraus.

2. **Grundform und Personalformen aufschreiben:**
   Ich schreibe die Grundform des Verbs auf.
   Ich schreibe das Verb in allen Personalformen untereinander auf.

   führen
   ich führe   wir führen
   du führst   ihr führt
   er/sie/es führt sie führen

3. **Zeitformen aufschreiben:**
   Ich schreibe eine der Personalformen in verschiedenen Zeitformen auf.

   ich führe (Präsens)
   ich führte (Präteritum)
   ich habe geführt (Perfekt)

---

4. Suche aus den Übungswörtern die zwei Verben heraus. Übe sie.

Traumhaft und fantasievoll

Wörtliche Rede

 1 Lest die Sprechblasen mit verteilten Rollen.

Ich kann die Säcke nicht mehr tragen. Deshalb gibt mir der Müller kein Futter mehr.

Ich bin alt. Darum kann mich der Jäger nicht mehr für die Jagd gebrauchen.

 2 Vergleicht den Text mit den Sprechblasen aus Aufgabe 1. Was bedeuten die Zeichen „ " ?

Der Esel klagt: „Ich kann die Säcke nicht mehr tragen. Deshalb gibt mir der Müller kein Futter mehr."

Der Hund jammert: „Ich bin alt. Darum kann der Jäger mich nicht mehr für die Jagd gebrauchen."

> Was jemand sagt, heißt **wörtliche Rede**. Die wörtliche Rede steht zwischen **Anführungszeichen**. Ein **Begleitsatz** sagt mir, wer etwas spricht. Am Ende des Begleitsatzes steht ein **Doppelpunkt**:
> Der Esel sagt: „Ich bekomme kein Futter."

 3 Schreibe den Text aus Aufgabe 2 ab. Markiere die wörtliche Rede.

 4 Schreibe die wörtliche Rede mit Begleitsatz für Katze und Hahn auf.

Die Frau will mich loswerden, weil ich keine Mäuse mehr fangen kann.

Die Bäuerin will mich in die Suppe werfen.

Adjektive

Adjektive (Wiewörter) beschreiben, wie etwas ist oder aussieht. Wenn Adjektive vor Nomen (Substantiven) stehen, verändert sich ihre **Endung**: alt → die alt**en** Tiere; braun → der braun**e** Hund.

1 Beschreibe die Tiere. Schreibe Sätze mit passenden Adjektiven auf. Schreibe so:
Die Katze hat weißes Fell und …

2 Schreibe den Text auf.
Setze die Adjektive richtig ein. Markiere sie.

Die Bremer Stadtmusikanten

Die ▬ Tiere wollen Stadtmusikanten in Bremen werden.
Abends kommen sie in einen ▬ Wald.
Die ▬ Tiere sehen ein Haus.
Dort leben ▬ Räuber.
Sie haben ▬ Essen auf dem Tisch.

alt

dunkel

hungrig

gefährlich

lecker

3 Schreibe den Text ab. Markiere alle Adjektive.

Die Tiere klettern leise und vorsichtig aufeinander. Dann machen sie laute Musik und stürzen durch das Fenster.
Der fürchterliche Krach erschreckt die Räuber.
Hastig flüchten sie in den Wald. Die Tiere essen sich satt.

Es sind sechs Adjektive.

→ AH F+I S. 24

Adjektive steigern

1 Lest die Sprechblasen. Erzählt zu den Bildern.

Ich habe ein schönes und sicheres Haus.

Mein Haus ist schöner und sicherer.

Mein Haus ist am schönsten und am sichersten.

2 Schreibe auf, welche Adjektive die drei Schweinchen verwenden. Wie verändern sich die Adjektive? Markiere die Veränderungen.

> Adjektive kann ich steigern. Es gibt drei **Vergleichsstufen**:
>
> 2. Vergleichsstufe: **am** schön**sten**
> 1. Vergleichsstufe: schön**er**
> Grundstufe: schön

3 Lies den Text.

Der Wolf war hungrig und klopfte am Strohhaus. Niemand öffnete. Er war wütend, holte tief Luft und pustete das Haus davon. Das Schwein war schlau. Es rettete sich ins Holzhaus. Der Wolf klopfte am Holzhaus. Niemand öffnete. Er wurde hungriger und wütender. Dann holte er tiefer Luft und pustete auch dieses Haus weg. Die Schweine versteckten sich nun im Steinhaus. Da sagte der Wolf zu sich: „Es wäre am schlausten, wenn ich durch den Kamin klettere." …

4 Ordne die markierten Adjektive richtig in eine Tabelle ein.

Grundstufe	1. Vergleichs-stufe	2. Vergleichs-stufe
hungrig	…	…

5 Ergänze die fehlenden Vergleichsstufen in der Tabelle.

Mit Adjektiven vergleichen

1 Lies die Sprechblasen. Setze die Adjektive richtig ein.

Bist du eigentlich ___ als ich?

Hallo Hugo! Möchtest du mit mir wippen, obwohl ich ___ bin als du?

Ja, gerne! Dafür bin ich beim Wettrennen ___ als du.

Nein, ich bin so ___ wie du.

| älter | schwerer | schneller | alt |

2 Schreibe die wörtliche Rede aus Aufgabe 1 auf.
Schreibe so: *„Hallo Hugo! Möchtest du mit mir wippen, …"*

> Mit Adjektiven kann ich vergleichen:
> Wenn etwas **gleich** ist, wird es mit den Vergleichswörtern **so … wie** beschrieben. Ich verwende die Grundstufe: Niko ist **so** alt **wie** Hugo.
> Wenn etwas **unterschiedlich** ist, wird es mit dem Vergleichswort **als** beschrieben. Ich verwende die 1. Vergleichsstufe:
> Hugo ist schneller **als** Niko.

3 Niko und Hugo machen sich gegenseitig Komplimente.
Schreibe die wörtliche Rede auf. Ergänze **so … wie** oder **als**.

Hugo sagt: „Niko, du kannst schöner schreiben ___ ich."

Niko antwortet: „Dafür kannst du besser klettern ___ ich."

Hugo meint: „Aber du bist ___ stark ___ ein Bär."

Niko ruft: „Dafür kannst du ___ gut Fußball spielen ___ ein Profi."

4 Macht euch gegenseitig Komplimente.

Adjektive mit -ig und -lich

1 Lest den Text. Seht euch die markierten Adjektive an. Was fällt euch auf?

Der dicke, fette Pfannkuchen
Eine Mutter hatte sieben Kinder, die schrecklich hungrig waren. Also machte sie einen Pfannkuchen: fettig und saftig. Er war herrlich anzusehen. Die Kinder fragten die Mutter freundlich nach einem Stück. Aber der Pfannkuchen sprang hastig aus der Pfanne. Mutig rollte er hinaus in die Welt.

Schaut auf die Endung.

2 Zeichne eine Tabelle. Ordne die markierten Adjektive aus Aufgabe 1 richtig ein. Markiere **-ig** und **-lich**.

Adjektive mit -ig	Adjektive mit -lich
...	...

3 Finde die Wortpaare. Schreibe so: *der Fleiß – fleißig, ...*

der Fleiß   der Punkt   die Ruhe   die Kraft

pünktlich   kräftig   fleißig   ruhig

4 Markiere **-ig** und **-lich** in den Adjektiven aus Aufgabe 3.

> Mit **-ig** und **-lich** kann ich aus Nomen (Substantiven) **Adjektive** bilden: der Hunger – hung**rig**, der Freund – freund**lich**.

5 Bilde aus den Nomen Adjektive mit **-ig** und **-lich**. Schreibe so: *das Glück – glücklich, ...*

das Glück   die Ecke   der Ärger   der Stein   der Schaden

Verlängern

Wenn ich nicht weiß, ob am Wortende **b** oder **p**, **d** oder **t**, **g** oder **k** geschrieben wird, **verlängere** ich das Wort.
Bei **Adjektiven** bilde ich eine **Wortgruppe** oder **steigere** sie:
wil**d/t** → ein wil**d**es Tier / wil**d**er – am wil**d**esten → also: wil**d**.
Bei **Nomen** bilde ich die **Mehrzahl**:
der Kor**b/p** → die Kör**b**e → also: Kor**b**.
Bei **Verben** bilde ich die **Grundform**: er le**b/p**t → le**b**en → also: le**b**t.

1 Schreibe die Wortpaare auf. Setze **b/d/g** oder **p/t/k** richtig ein.
Schreibe so: *der liebe Zwerg – lieb, …*

der lie◼e Zwerg – lie◼   der wil◼e Drache – wil◼
die winzi◼e Elfe – winzi◼   die har◼e Prüfung – har◼
der kran◼e König – kran◼   der trü◼e Zaubertrank – trü◼

2 Steigere die Adjektive aus Aufgabe 1.
Schreibe so: *lieb – lieber – am liebsten, …*

3 Schreibe die Wortpaare auf. Setze **b/d/g** oder **p/t/k** richtig ein.
Schreibe so: *die Diebe – der Dieb, …*

die Die◼e – der Die◼   hu◼en – er hu◼t
die Bro◼e – das Bro◼   win◼en – sie win◼t
die Bil◼er – das Bil◼   ja◼en – er ja◼t

4 Schreibe den Text auf. Setze die richtigen Buchstaben ein.

Der Köni◼ lie◼t die Königin. Ihre Haare sind blon◼, ihr Klei◼ ist ro◼ und sie ist sehr klu◼. In einer stürmischen Nach◼ rau◼t der böse Kobol◼ das Königskin◼. Mit dem Schil◼ in der Han◼ stei◼t der Köni◼ auf sein Pfer◼. Der Win◼ ist eisi◼. An einem dunklen Or◼ mitten im Wal◼ steht eine Bur◼. Muti◼ und mit aller Kraf◼ schwingt der Köni◼ sein Schwer◼. Er befreit sein Kin◼ und bestraft den Die◼.

Zusammengesetzte Adjektive

  Lest den Text. Wie heißt das Märchen? Wer spricht hier?

„Frau Königin, Ihr seid so schön wie das Bild,
welches Ihr im Spiegel seht.
Euer Haar ist so braun wie eine Kastanie.
Euer Kleid ist so rot wie Feuer.
Aber Ihr seid so kalt wie Eis."

  Schreibe die markierten Wörter aus Aufgabe 1 untereinander auf. Ordne die Wortkarten zu.
Schreibe so: *schön wie das Bild – bildschön, …*

| bildschön | eiskalt | feuerrot | kastanienbraun |

> Aus einem Nomen (Substantiv) und einem Adjektiv kann ich ein **zusammengesetztes Adjektiv** bilden: das Bild + schön → **bildschön**.

  Schreibe den Text auf. Ergänze die fehlenden Wörter. Markiere sie.

Schneewittchen ist so schön wie ein Wunder.
Sie ist **wunderschön**.
Ihre Lippen sind rot wie Blut. Sie sind ▁▁▁.
Ihre Haut ist weiß wie Schnee. Sie ist ▁▁▁.
Ihre Haare sind schwarz wie Pech. Sie sind ▁▁▁.
Schneewittchens Rock ist gelb wie Zitronen. Er ist ▁▁▁.

  Bilde zusammengesetzte Adjektive. Schreibe Sätze mit ihnen.
Schreibe so: *zuckersüß – Die Schokolade ist zuckersüß.*

| der Zucker | stark | der Stein | süß | der Bär | hart |

→ AH S. 36

Märchenfiguren beschreiben

  1 Lest den Text. Erklärt, was in eine Personenbeschreibung gehört.

Name	**Gesucht: Die kleine Meerjungfrau**
Geschlecht und Alter	Die junge Frau ist so groß wie ein Mensch
Körperbau und Größe	und schlank. Sie hat einen Fischschwanz.
Gesicht und Kopf	Ihre langen Haare sind rot und gelockt.
(Haare, Augen,	Sie hat ein hübsches Gesicht mit blauen
Nase, Mund)	Augen, einer kleinen Nase und schmalen
Kleidung	Lippen. Sie trägt ein Bikinioberteil und eine
Besonderheiten	Muschelkette. Sie schwimmt wie ein Fisch
	und lebt im Meer. Wer sie gesehen hat,
	meldet sich beim Prinzen.

 2 Schreibe den Steckbrief einer Märchenfigur ab.

Name:	Gestiefelter Kater	Schneewittchen
Geschlecht/Alter:	– Kater im besten Alter	– junge Frau
Körperbau/Größe:	– schwarzes Fell, weiße Schwanzspitze	– schlank, zart
Gesicht/Kopf:	– grüne Augen, schwarze Schnurrbarthaare	– Lippen rot wie Blut, Haut weiß wie Schnee, Haare schwarz wie Ebenholz
Kleidung:	– rote Stiefel, brauner Hut mit gelber Feder	– rote Bluse, zitronengelber Rock
Besonderheiten:	– kann aufrecht laufen	– die Schönste im Land

  3 Schreibe zu deiner Märchenfigur eine Personenbeschreibung wie in Aufgabe 1. Male ein Bild von ihr.

→ SB S. 155 → AH S. 37 → AH F+I S. 27

Mindmap Gruselgeschichte

1 Seht euch die Bilder an. Was findet ihr gruselig? Erzählt.

2 Zeichne die Mindmap ab.
Ordne die Dinge aus Aufgabe 1 richtig zu.

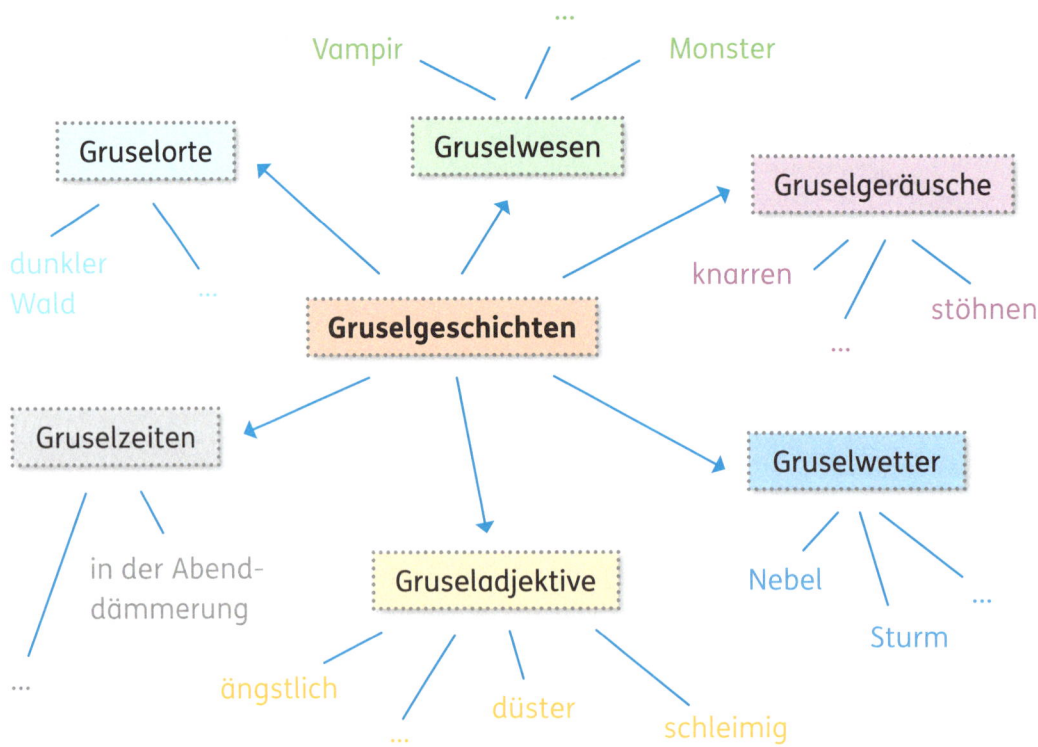

3 Sammle weitere Gruselwörter. Ergänze deine Mindmap.

Eine Gruselgeschichte planen und schreiben

1 Seht euch die Bilder an. Was passiert in der Geschichte? Erzählt.

2 Zeichne die Mindmap ab. Ergänze weitere Stichwörter mithilfe der Bilder aus Aufgabe 1.

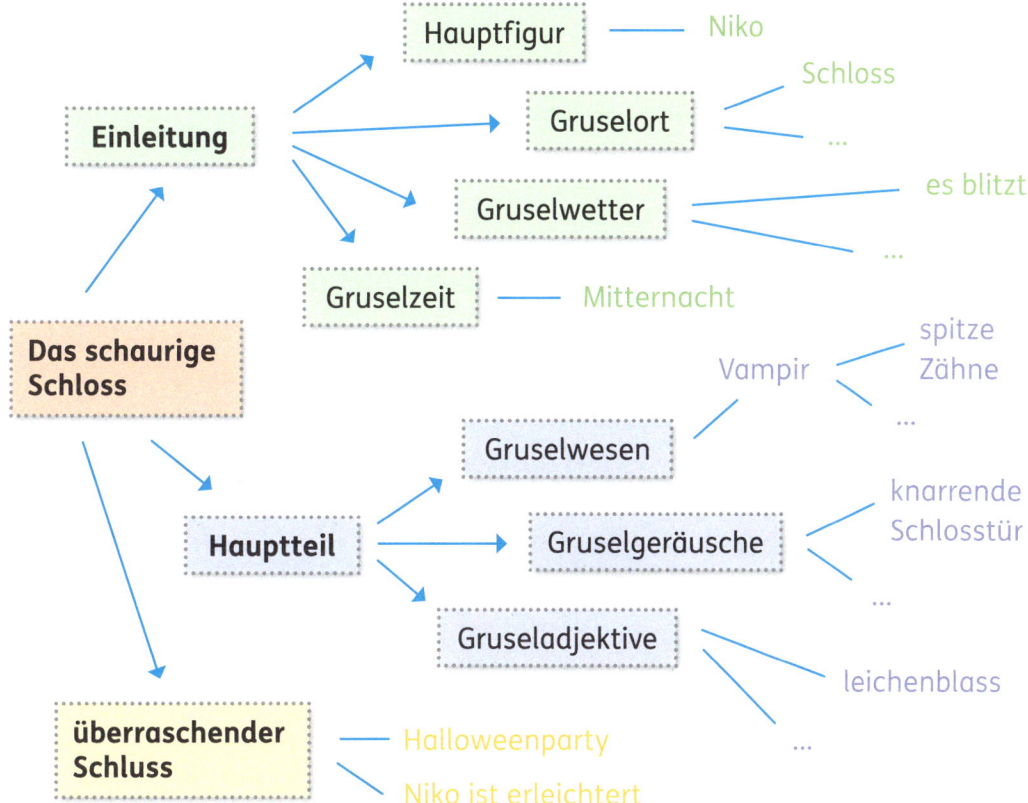

3 Schreibe die Gruselgeschichte mit Niko auf.

4 Plane und schreibe eine eigene Gruselgeschichte.

→ AH S. 38/39

Geschichten planen und schreiben

 1 Seht euch die Bilder an. Was passiert in der Geschichte? Erzählt.

Einleitung:	Hauptteil:	Schluss:
– Niko und Hugo	– Zirkusdirektor spricht	– ...
– Zirkus besuchen	– Löwe krank	– ...
– nachmittags	– Niko und Hugo traurig	– ...

  2 Lies die Stichwörter. Schreibe die fehlenden Stichwörter auf.

So schreibe ich eine **Geschichte**:

| Die **Einleitung** führt in die Geschichte ein:
– **Wer** kommt darin vor?
– **Wo** spielt die Geschichte?
– **Wann** spielt die Geschichte? | Im **Hauptteil** wird in der richtigen Reihenfolge erzählt, **was** passiert:
– Was tun, denken 💭, fühlen ❤ oder sprechen 💬 die Hauptfiguren?
– Oft gibt es eine spannende, lustige oder traurige Stelle. | Am **Schluss** wird die Geschichte beendet:
– Das Ende kann auch überraschend oder offen sein. |

Ich finde eine **Überschrift**, die neugierig macht.

  3 Schreibe die Geschichte von Niko und Hugo im Zirkus auf.

  4 Seht euch die Bilder an. Wählt ein Bild aus. Erzählt.

 **5** Nimm ein großes Blatt Papier. Plane deine Geschichte von Niko und Hugo mithilfe eines Stichwortzettels.

Einleitung	Hauptteil	Schluss
– Wer? ... – Wo? ... – Wann? ...	Was passiert? 1. ... 2. ... 3. ... ☁ ...? ♥ ...? 💬 ...?	Wie endet die Geschichte? ...
Überschrift:		

Bindet eure Geschichten zu einem Buch zusammen.

  6 Schreibe deine Geschichte von Niko und Hugo auf.

65

Üben

Wörtliche Rede

 **1** Schreibe die Sätze ab. Markiere die wörtliche Rede.
Schreibe so: Niko sagt: „Ich lese ..."

Niko sagt: „Ich lese gerne Märchen."
Hugo ruft: „Oh ja, ich auch!"
Niko fragt: „Was ist dein Lieblingsmärchen?"
Hugo antwortet: „Ich liebe Dornröschen."

Was jemand sagt, nennt man wörtliche Rede.

Adjektive steigern

 **2** Zeichne eine Tabelle. Trage die Adjektive richtig ein.

lieb · dünner · warm · am dünnsten · lieber
am wärmsten · am liebsten · wärmer · dünn

Grundstufe	1. Vergleichsstufe	2. Vergleichsstufe
lieb	lieber	am liebsten
...	...	...

Zusammengesetzte Adjektive

 3 Schreibe die Wortgruppen ab.
Ergänze die zusammengesetzten Adjektive.
Schreibe so: groß wie ein Riese → riesengroß, ...

groß wie ein Riese → ...
leicht wie eine Feder → ...
grün wie das Gras → ...
blau wie der Himmel → ...

grasgrün · himmelblau · federleicht · riesengroß

66

Üben

Wörtliche Rede

1 Schreibe das Gespräch auf.
Setze dabei die Anführungszeichen richtig.

Der Wolf fragt:	Rotkäppchen, wohin gehst du?
Rotkäppchen antwortet:	Ich gehe zu meiner Großmutter.
Der Wolf erkundigt sich:	Was hast du in deinem Korb?
Rotkäppchen erwidert:	Kuchen und Wein für Großmutter.

2 Markiere den Begleitsatz und die wörtliche Rede unterschiedlich.

Adjektive steigern

3 Trage die Adjektive richtig in eine Tabelle ein.
Ergänze jeweils die 2. Vergleichsstufe.

Ich wäre gern am größten.

lang | groß | jung | hübsch

größer | länger | hübscher | jünger

Grundstufe	1. Vergleichsstufe	2. Vergleichsstufe
groß	…	…

Zusammengesetzte Adjektive

4 Schreibe die Sätze auf.
Ergänze das zusammengesetzte Adjektiv.

Das Haar der Prinzessin ist blond wie Stroh. Es ist **strohblond**.
Die Rüstung des Ritters ist schwer wie Blei. Sie ist ▬.
Das Schwert des Prinzen ist scharf wie ein Messer. Es ist ▬.
Der Boden des Schlosses ist glatt wie ein Spiegel. Er ist ▬.

Üben

Wörtliche Rede

1 Schreibe die wörtliche Rede der Märchentiere mit Begleitsatz auf.
Schreibe so: *Der Frosch quakt: „Prinzessin, ..."*

- Prinzessin, ich hole eure goldene Kugel.
- Wo wohnt denn deine Großmutter, Rotkäppchen?
- Ich wette, dass ich schneller laufen kann als du, Hase.
- Wir machen dir nicht auf. Du bist nicht unsere Mutter.

Adjektive steigern

2 Trage die Adjektive in eine Tabelle ein. Ergänze die Vergleichsstufen.

dick • schlimm • lustig • weit • klug • schwach • hell

Grundstufe	1. Vergleichsstufe	2. Vergleichsstufe
...	...	...

Adjektive mit -ig und -lich

3 Bilde aus den Nomen Adjektive mit **-ig** oder **-lich**.
Schreibe so: *der Hunger – hungrig, ...*

der Hunger • die Gefahr • der Witz • die Sonne • der Freund • das Herz

Wörtertraining

fröhlich   treu   tief   scharf
jung   schrecklich   wild   empfindlich

1. Schreibe die **Übungswörter** ab.

2. Schreibe den Text ab.

Im Märchenwald
Der junge Prinz Ole ritt fröhlich auf seinem treuen Pferd. Da kam der schreckliche Drache Niko aus einer tiefen Höhle. Prinz Ole zog sein scharfes Schwert. Er kitzelte den wilden Drachen an seinem empfindlichen Bauch. Der Drache lachte und Ole ritt weiter.

So übe ich Adjektive:

1. **Adjektive heraussuchen:**
   Ich suche alle Adjektive aus den Übungswörtern heraus.

   `wild`

2. **Wortgruppe bilden:**
   Ich suche ein passendes Nomen zum Adjektiv.
   Ich schreibe die Wortgruppe mit bestimmtem Artikel auf.

3. **Markieren:**
   Ich markiere das Adjektiv.

   der wilde Drache

4. **Adjektiv steigern:**
   Ich steigere das Adjektiv.

   wild, wilder, am wildesten

---

3. Bilde mit den **Übungswörtern** Wortgruppen.

4. Steigere die **Übungswörter**.

Der Natur auf der Spur

Wörter mit ie und i

  1 Lest den Text. Was erfahrt ihr über Bienen? Was wisst ihr schon? Erzählt.

Bienen
In einem Bienenvolk leben drei **verschiedene** Typen **Bienen**. Die **Arbeiterinnen**, die Drohnen und **die** Königin. Auf **Wiesen** mit **vielen** Blumen **fliegen** die Arbeiterinnen von Blüte zu Blüte. Dort sammeln **sie** Blütenstaub und Nektar. Die männlichen Bienen **sind** die Drohnen. Die Arbeiterinnen und Drohnen **dienen** der Königin. Jedes Volk hat nur eine **Königin**. Der Körper der Bienen besteht aus drei Teilen: **Hinterleib**, Brust und Kopf. Am Kopf **sitzen** zwei Fühler, **womit** die Biene **riechen** kann.

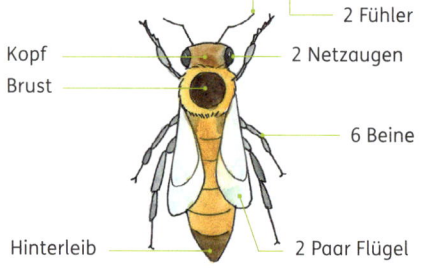

Kopf — 2 Fühler
Brust — 2 Netzaugen
— 6 Beine
Hinterleib — 2 Paar Flügel

 **2** Sprich die markierten Wörter aus Aufgabe 1 deutlich. Wird das **i** lang oder kurz gesprochen? Trage die Wörter in eine Tabelle ein.

kurz gesprochenes i	lang gesprochenes i → ie
die Arbeiter<u>i</u>nnen	versch<u>ie</u>dene

> Viele Wörter mit **lang gesprochenem i** werden mit **ie** geschrieben: die B**ie**ne, die W**ie**se, r**ie**chen.

  3 Sprich die Wörter deutlich. Schreibe sie richtig auf.

fr▢dlich   der St▢ch   das ▢nsekt
verl▢ren   der ▢mker   sch▢ben   t▢f

Vier Wörter haben ein ie.

Wörter mit h am Silbenanfang

1 Setze die Silben zu Verben zusammen. Schreibe sie auf. Zeichne die Silbenbögen.

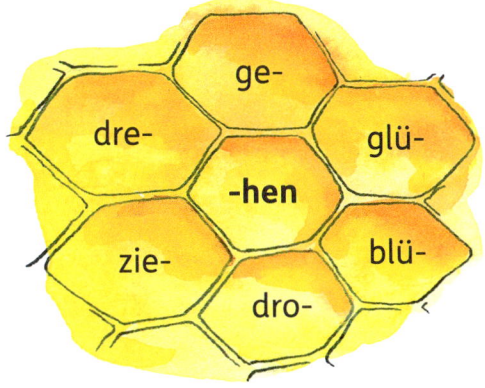

Silben: ge-, dre-, glü-, -hen, zie-, blü-, dro-

Wenn du deutlich sprichst, kannst du das h hören.

2 Sprich die Wörter aus Aufgabe 1 in Silben. Markiere das **h**.

3 Schreibe die Nomen in der Einzahl und die Adjektive in der Grundform auf. Zeichne die Silbenbögen. Markiere das **h**.
Schreibe so: *die Flöhe – der Floh*, …

die Flöhe   frohes   die Schuhe   rohes
die Zehen   die Geweihe   zähes

> Treffen bei Wörtern mit zwei Silben zwei Selbstlaute aufeinander, schreibe ich fast immer ein **h** dazwischen: se-**h**en, glü-**h**en.
> Manche Wörter muss ich **verlängern** und in **Silben sprechen**, um das **h** zu hören: blüht – blühen, Reh – Rehe, froh – frohes.

4 Schreibe die Sätze richtig auf.

Anne ge▪t durch den Wald. Dort blü▪t eine Blume. Da sie▪t sie ein Re▪. Leider flie▪t es. Nun ru▪t sie sich aus. Dann ge▪t sie fro▪ nach Hause.

5 Vergleicht eure Ergebnisse. Erklärt eure Schreibweise.

Ableiten: Wörter mit ä und äu

1 Schau das Bild an. Lies den Text.

Die Löwenzahnpflanze

Die Löwenzahnpflanze gehört zu den Korbblütlern. Sie wächst fast überall: in Gärten, auf Wiesen, auf Feldern und an vielen Wegrändern. Die Blüte des Löwenzahns besteht aus unzähligen kleinen, gelben Blütenblättern. In der Blüte reifen die Samen heran. Die Samen bleiben zurück, nachdem der Löwenzahn seine Blütenblätter abgestoßen hat. Die Samenkörner hängen an kleinen Fallschirmen. Der Wind bläst die Samen der Pusteblume fort.

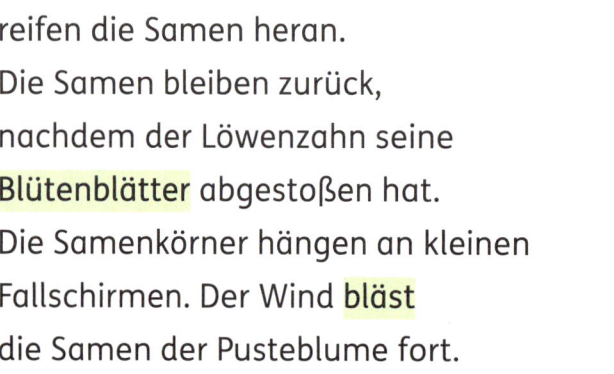

2 Was erfahrt ihr über die Löwenzahnpflanze? Erzählt.

3 Schreibe die markierten Wörter aus Aufgabe 1 untereinander heraus.

4 Finde zu den Wörtern aus Aufgabe 3 verwandte Wörter mit **a**. Markiere **a** und **ä**. Schreibe so: *wächst – wachsen, ...*

> Die meisten Wörter mit **ä** und **äu** kann ich von verwandten Wörtern mit **a** und **au** ableiten: w**ä**rmer – w**a**rm, Str**äu**cher – Str**au**ch.

→ AH S. 44 → AH F+I S. 30/31

5 Finde verwandte Wörter mit **a** oder **au**.
Schreibe so: *gefärbt – die Farbe, ...*

gefärbt   Pflänzchen   fängt   säubern
Äste   Wälder   Zäune
fällt   täglich   bläulich   Schäfer

6 Schreibe alle Wörter mit **ä** und **äu**
untereinander aus dem Text heraus.

Wenn es im Frühling wärmer wird, erblühen
viele Gräser und Sträucher. Die Blätter
der Bäume haben ein kräftiges Grün.
Saftige Wiesen sind wichtige Lebensräume
für kleine Tiere. Auf der Wiese hängen
Pflanzen und Tiere voneinander ab.
So brauchen die Blumen Hummeln,
Bienen und Schmetterlinge für ihre Bestäubung.

hängen – gehangen

7 Finde zu den Wörtern aus Aufgabe 6 verwandte Wörter mit
a oder **au**. Schreibe sie daneben: *wärmer – warm, ...*

8 Schreibe die Wörter richtig auf. Ergänze **ä/e** oder **äu/eu**.

l●chten   gl●nzen   g●lb   F●lder   wegr●men
●ngstlich   Geb●de   kr●ftig   ●ropa   Gew●chs

9 Vergleicht eure Ergebnisse. Erklärt eure Schreibweise.

Satzglieder

1 Schreibe jedes Wort auf ein Kärtchen.
Lege mit den Wortkarten einen Satz.

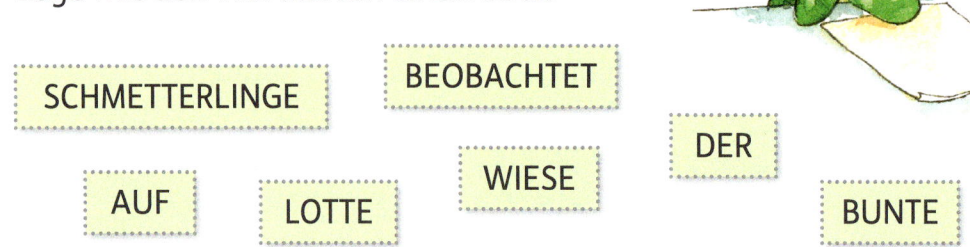

2 Stelle die Wörter aus Aufgabe 1 so um, dass weitere sinnvolle Sätze entstehen. Auch ein Fragesatz ist möglich. Schreibe alle Sätze auf. Welche Wörter bleiben immer zusammen? Markiere.

> Ein Satz besteht aus mehreren Teilen. Diese Teile heißen **Satzglieder**. Ein Satzglied hat ein oder mehrere Wörter. Satzglieder kann ich umstellen, die Wörter innerhalb eines Satzgliedes nicht:
>
> Am Wegesrand | entdeckt | Ali | einen Schmetterling.
> Entdeckt | Ali | einen Schmetterling | am Wegesrand?

3 Schreibe den Satz ab. Stelle ihn mehrfach um.
Trenne die Satzglieder mit Strichen voneinander.

Mila | besucht   mit   Ole   heute   einen   Schmetterlingsgarten.

4 Bilde mit den Wörtern einen Satz. Schreibe ihn auf.
Trenne die Satzglieder mit Strichen voneinander.
Überprüfe, indem du den Satz mehrfach umstellst.

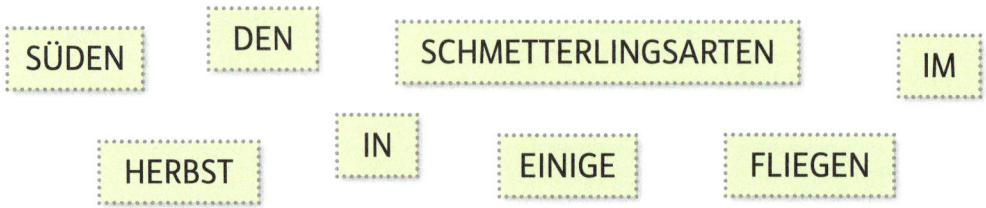

74 → AH S. 45

 5 Schreibe die Sätze ab. Trenne die Satzglieder mit Strichen voneinander. Überprüfe, indem du die Sätze umstellst.

Schmetterlinge

Schmetterlinge leben fast überall.
In kalten Gebieten leben sie jedoch nicht.
Sie haben vier farbige Flügel.
Die Farbe der Flügel entsteht durch
feine Farbschuppen.

  Stelle die Satzglieder in Alis Sätzen so um, dass der Text interessanter klingt. Jeder Satz soll anders beginnen.

Der Atlasspinner

*Der Atlasspinner lebt im Regenwald in Südostasien.
Er ist mit einer Flügelspannweite bis zu 30 cm
die größte Schmetterlingsart der Welt.
Er hängt tagsüber regungslos an Ästen und Blättern.
Der Atlasspinner hat an den Spitzen seiner Vorderflügel
das Aussehen eines Schlangenkopfes.
Er nimmt als
geschlüpfter Falter
keine Nahrung mehr
zu sich.*

Ali

Pronomen für Nomen

1 Ersetze die markierten Nomen durch **er**, **sie** oder **es**.
Schreibe die Sätze auf.

Die Raupe frisst frische Blätter.

Der Schmetterling schlüpft aus seinem Kokon.

Das Weibchen legt Eier.

Die Wörter **ich, du, er/sie/es, wir, ihr, sie** sind **Personalpronomen**.
Einige Pronomen können Nomen (Substantive) ersetzen:
Der Forscher erforscht Schmetterlinge. **Er** erforscht Schmetterlinge.
Emma sammelt **Schmetterlingsbücher**. **Sie** sammelt **sie**.

---

2 Schreibe den Text auf. Ergänze die fehlenden Pronomen.

Emma besucht mit ihren Eltern ein Schmetterlingshaus. ▬ liebt Schmetterlinge. Emmas Vater ist der Beste! ▬ leiht Emma seinen Fotoapparat. Nun kann ▬ die bunten Schmetterlinge fotografieren.

3 Schreibe den Text ab. Überarbeite den Text, indem du einige Nomen durch Pronomen ersetzt.

Emma liebt Schmetterlinge. Emma fotografiert Schmetterlinge gern. Ein Foto schenkt Emma Sinan. Sinan findet das Foto toll.

Subjekt und Prädikat

1. Schreibe den Satz ab.
   Trenne die Satzglieder mit Strichen voneinander.

   Niko liest in der Schule ein Sachbuch über Schmetterlinge.

2. Beantworte die Frage:
   Wer oder was liest in der Schule ein Sachbuch über Schmetterlinge?
   Markiere das Satzglied.

   > Das **Subjekt** (Satzgegenstand) ist ein Satzglied.
   > Subjekte sind oft **Nomen** (Substantive) oder **Pronomen**.
   > Ich bestimme das Subjekt mit der Frage: **Wer oder was** tut etwas?
   > **Der Forscher** untersucht Schmetterlinge. **Er** erforscht sie.

3. Schreibe die Sätze ab.
   Trenne die Satzglieder mit Strichen voneinander.

   Die Schüler besuchen den Botanischen Garten.

   Hier blühen viele exotische Blumen.

   Alle wollen ins Schmetterlingshaus.

   Rasmus entdeckt dort eine hübsche Raupe.

   Das Subjekt kann auch aus mehreren Wörtern bestehen.

4. Erfrage die Subjekte in Aufgabe 3. Markiere sie.

   > Das **Prädikat** (Satzaussage) ist ein Satzglied.
   > Es ist immer ein **Verb**. Ich bestimme das Prädikat mit den Fragen:
   > **Was tut jemand? Was geschieht?**
   > Der Forscher **untersucht** Schmetterlinge.

5. Erfrage und markiere in den Sätzen aus Aufgabe 3 alle Prädikate.

6. Schreibe Sätze über Schmetterlinge.
   Erfrage und markiere in jedem Satz das Subjekt und das Prädikat.

Einen Sachtext schreiben

  Lest den Steckbrief und den Sachtext. Klärt unbekannte Wörter.

Steckbrief: *Kleiner Fuchs (Tagfalter)*
Aussehen: *Flügel rostbraun mit*
                       schwarz-gelb-weiß-blauen Flecken
Größe: *4 – 5 cm Flügelspannweite*

Kleiner Fuchs

Der „Kleine Fuchs" gehört zu den Tagfaltern.

<u>Aussehen und Größe</u>

Seine Flügel sind rostbraun mit zahlreichen schwarz-gelb-weiß-blauen Flecken.
Die Spannweite seiner Flügel beträgt 4 bis 5 Zentimeter.

  Vergleicht den Steckbrief und den Sachtext. Wie sind beide aufgebaut? Erklärt.

  Schreibe den Sachtext ab.

So schreibe ich einen **Sachtext**:
– Ich wähle eine Überschrift, die das Thema des Textes nennt.
– Ich gliedere meinen Text in einzelne Abschnitte und wähle passende Zwischenüberschriften.
– Ich füge interessante Fotos ein.

  Lies den Steckbrief zum „Kleinen Fuchs" zu Ende.
Schreibe mit den Angaben den Sachtext aus Aufgabe 3 weiter.

Nahrung: *violette Blüten und gelb blühende Pflanzen*
Raupenzeit: *Mai bis August*
Aussehen der Raupen: *schwarz-braun mit Stacheln und gelben Längsstreifen*
Futter der Raupe: *große Brennnesseln*
Besonderheiten: *lebt nicht in Afrika*

  Vergleicht die Texte. Welcher ist der Sachtext? Begründet.

Der Grashüpfer

Der Grashüpfer gehört zur Unterfamilie der Feldheuschrecken.

<u>Aussehen</u>
Er hat eine Körperlänge von 25 mm. Sein Körper ist grün bis braun gefärbt.

<u>Lebensraum</u>
Grashüpfer leben in Wiesen. ...

Der schöne Grashüpfer

Wahrscheinlich gehört der Grashüpfer zu den Feldheuschrecken. In unserem Garten sah ich letzten Sommer einen Grashüpfer, der 25 mm groß war.
Grashüpfer sind weit verbreitet. Wo genau auf der Welt, das weiß ich leider nicht. ...

Ein **Sachtext** soll den Leser über ein Thema informieren.
Ich schreibe ihn sachlich und verständlich.
Dabei achte ich darauf, meine eigene Meinung und meine Erfahrungen nicht mit einzubringen.

6 Überprüfe deinen Sachtext zum „Kleinen Fuchs".

Einen Sachtext überarbeiten

  1 Lest Nikos Sachtext. Erklärt die Korrekturen.

Fleißige Wildbienen

R Es gibt in Däutschland 550 verschiedene Wildbienenarten.
R Wiltbienen sind Einzelgänger.
R Sie bauen in Ertlöchern meist nur eine Nestzelle.
Wh In die Nestzelle füllen Wildbienen Blütennektar und legen ein Ei hinein.
R Wh Wildbienen verschließen danach die zelle
R und baun anderswo die nächste.
Die Larve entwickelt sich aus dem Ei.
Wh Die Larve überwintert in der Nestzelle.
Wh Die Larve schlüpft im Frühjahr dann als Wildbiene.

  2 Überarbeitet Nikos Sachtext in einer Schreibkonferenz:

– Korrigiert die falsch geschriebenen Wörter.
– Ersetzt Nomen durch Pronomen.
– Stellt Satzglieder so um, dass der Text interessanter klingt.
– Ergänzt passende Zwischenüberschriften.

 3 Schreibe den überarbeiteten Sachtext von Aufgabe 2 auf.

  4 Informiere dich zu diesen Fragen über die Wildbiene. Schreibe den Sachtext über Wildbienen weiter.

· Hat die Wildbiene Feinde?
· Ist sie vom Aussterben bedroht?
· Wie lange lebt sie?

80 → SB S. 154   → AH S. 50

5. Lies den Steckbrief. Schreibe einen Sachtext dazu.

Steckbrief: Marienkäfer
Aussehen: roter Panzer mit schwarzen Punkten
Größe: 5 – 8 mm
Verbreitung: Europa, Asien und Nordafrika
Lebensraum: in Gärten, Wäldern, Parks und auf Wiesen
Nahrung: Blattläuse, Schildläuse
Lebenszeit: bis 2 Jahre
Feinde: Vögel, Ameisen, Eidechsen und Spinnen

6. Überarbeite deinen Sachtext in einer Schreibkonferenz.

In einer **Schreibkonferenz** kannst du deinen Sachtext gemeinsam mit anderen Kindern überarbeiten.

Dabei achtet ihr **inhaltlich** darauf, ob:
- die Überschrift das Thema nennt,
- der Sachtext verständlich und sachlich formuliert ist,
- es passende Zwischenüberschriften und Fotos gibt.

Außerdem achtet ihr **sprachlich** darauf, dass:
- Pronomen für Nomen eingesetzt wurden,
- die Satzglieder so gestellt sind, dass die Sätze interessant klingen.

Zum Schluss überprüft ihr, ob:
- alle Wörter richtig geschrieben sind.

Bestimmt einen Experten für jeden Punkt.

7. Schreibe einen Sachtext zu einem Insekt. Überarbeite ihn in einer Schreibkonferenz.

Üben

Satzglieder

1 Stelle den Satz mehrfach um.
Jede Farbe soll einmal am Satzanfang stehen.

Nina und Anne bauen am Nachmittag im Garten ein Schmetterlingshaus.

Pronomen für Nomen

2 Schreibe die Sätze auf. Ersetze die Pronomen durch Nomen.
Schreibe so: *Die Biene* sammelt Blütenstaub und Nektar.

- das Kaninchen
- die Biene
- die Schnecke
- der Marienkäfer

Am Satzanfang schreibe ich groß.

Sie sammelt Blütenstaub und Nektar.
Er gilt als Glücksbringer des Menschen.
Sie trägt ihr Haus auf dem Rücken.
Es ist kleiner als ein Hase.

Subjekt und Prädikat

3 Schreibe die Sätze auf. Setze die passenden Prädikate ein.

- essen
- liest
- pflückt

Ole ▬ einen Strauß Wiesenblumen.
Merit ▬ in einem Buch über Schmetterlinge.
Lotte und Sinan ▬ Brote mit Honig.

Wer oder was pflückt einen Strauß Wiesenblumen?

4 Erfrage alle Subjekte in Aufgabe 3.
Schreibe die Fragen auf.
Markiere die Subjekte.

Üben

Satzglieder

1 Schreibe den Satz ab. Stelle ihn mehrfach um.
Trenne die Satzglieder mit Strichen voneinander.

Mila und Ole zählen jeden Nachmittag die Maulwurfshügel.

Pronomen für Nomen

2 Schreibe den Text auf.
Ergänze die fehlenden Pronomen.

Mila besucht einen Imker. ▢ interessiert sich für die Zucht von Bienen. Der Imker zeigt Mila seine Bienen. ▢ überwacht zehn Bienenvölker. Alle acht bis zehn Tage muss ▢ nachschauen, ob die Bienenkönigin noch lebt. ▢ ist die einzige Biene, die Eier legt. Daher ist ▢ sehr wichtig für das Bienenvolk.

Pronomen können auch zweimal ein Nomen ersetzen.

Subjekt und Prädikat

3 Schreibe die Sätze auf.
Erfrage und markiere in jedem Satz das Subjekt.

Noriko schaut einen Film über Bienen.
Lotte malt einen Marienkäfer.
Die Wiesenblumen duften herrlich.
Hugo fängt einen Grashüpfer.

Wer oder was?
Was tut …?

4 Erfrage und markiere in den Sätzen aus Aufgabe 3 das Prädikat.

Üben

Satzglieder

1. Bilde einen Satz. Trenne die Satzglieder mit Strichen voneinander. Überprüfe, indem du den Satz mehrfach umstellst.

   ZU | LIEBLINGSBANK | ALI | WIESEN | SEINER | WANDERT | UND | FELDER | ÜBER

Pronomen für Nomen

2. Schreibe den Text ab. Überarbeite den Text, indem du einige Nomen durch Pronomen ersetzt.

   Marek interessiert sich für Insekten.
   Marek erforscht besonders gerne Käfer.
   Am Wochenende sammelt Marek
   häufig Käfer. Marek untersucht
   die Käfer zu Hause mit einer Lupe.
   Emma besucht Marek gern.
   Emma zeigt Marek dann ihre
   Schmetterlingsfotos.

   Einmal musst du zwei Wörter umstellen.

Subjekt und Prädikat

3. Schreibe die Sätze ab.
   Erfrage und markiere in jedem Satz das Subjekt.

   Schon den ganzen Nachmittag liegen
   Niko und Hugo in der Sonne.
   Um sie herum summen die Bienen und Hummeln.
   Unentwegt sammeln sie Blütenstaub und Nektar.

4. Erfrage und markiere in den Sätzen aus Aufgabe 3 das Prädikat.

Wörtertraining

kriechen · riechen · die Natur · friedlich

die Nähe · feucht · beobachten · fressen

 1 Schreibe die Übungswörter ab.

 2 Schreibe den Text ab.

Auf der Wiese

Die Kinder aus Emmas Klasse erforschen heute die Natur.
Jeder hat eine Lupe dabei. Die Blumen riechen wundervoll.
Friedlich sitzt ein Marienkäfer auf einem Blatt und frisst.
Emma beobachtet ihn und kann seine schwarzen Punkte zählen.
Es sind sieben Stück. Ganz in seiner Nähe entdeckt Emma
noch eine Schnecke. Langsam kriecht sie über den feuchten Boden.

So übe ich Wörter mithilfe ihrer Wortfamilie:

1. **Übungswort aussuchen und Wortstamm umkreisen:**
   Ich suche mir ein Übungswort heraus und umkreise
   seinen Wortstamm: (fried)lich.

2. **Verwandte Wörter suchen:**
   Ich überlege, ob es weitere Nomen, Verben oder Adjektive
   mit diesem Wortstamm gibt. Das Wörterbuch kann mir helfen.

3. **Wortstamm der Wortfamilie umkreisen:**
   Ich umkreise den Wortstamm in allen Wörtern der Wortfamilie:
   (fried)lich, (fried)voll, der (Fried)en, zu(fried)en sein, …

---

 3 Schreibe zu jedem Übungswort Wörter auf, die zur selben
Wortfamilie gehören.

Bei uns und anderswo

Sprachen vergleichen

1 Lest. Was wisst ihr über die Länder? Erzählt.

> Ich bin Sally. Ich wohne in Birmingham in Großbritannien. Ich spreche englisch.

> Ich bin Henri. Ich komme aus Paris in Frankreich. Meine Muttersprache ist Französisch.

> Ich komme aus Italien und spreche italienisch. Ich heiße Piedro.

2 Vergleicht die Wörter. Was ist ähnlich, was ist anders?

Deutsch	Englisch	Französisch	Italienisch
Guten Tag!	Hello!	Bonjour!	Buon giorno!
Schule	school	école	scuola
Ferien	holiday	vacances	vacanze

3 Aus welchen Ländern kommen diese Wörter? Informiert euch im Wörterbuch oder im Internet.

Baguette Fish and Chips Brezel Bratwurst
Lasagne Sandwich Pizza Bouillabaisse

4 Schreibe die Wörter aus Aufgabe 3 in eine Tabelle. Schreibe so:

Deutsch	Englisch	Französisch	Italienisch
...	...	Baguette	...

Fremdwörter M

1 Lest die Wörter laut vor. Was stellt ihr fest?

Toast Clown Hobby Mountainbike

Restaurant Cousin Tour Chef

Espresso Oper Cello Tempo

> **Fremdwörter** haben wir aus anderen Sprachen übernommen.
> Ich muss mir ihre Aussprache und Schreibweise merken.

2 Lest den Text.
Erklärt die Bedeutungen der markierten Fremdwörter.

Im Cockpit sitzen zwei Piloten und haben
Kontakt zum Tower. Bei so vielen Touristen
herrscht oft Chaos auf den Flughäfen.
Meine Cousine fliegt nach Italien.
Ihr Lieblingsessen ist Pizza.

3 Schreibe die Fremdwörter heraus.
Markiere für dich schwierige Stellen.

4 Lest die Wörter.
Erklärt die Bedeutungen der Fremdwörter.

Shop Theater Diskussion Apotheke Lexikon

5 Bilde Sätze mit den Wörtern aus Aufgabe 4.
Markiere für dich schwierige Stellen.

→ AH S. 52

Mundart

1 Lest den Text. Kennt ihr die Speisen? Informiert euch.

 Alexander aus Nordrhein-Westfalen isst gerne **Himmel un Äd**.

 Niklas wohnt im Saarland und isst am liebsten **Grumbeerkieschelscher**.

 Meike kommt aus Schleswig-Holstein. Sie mag gerne **Rode Grütt**.

2 Trage die Speisen aus Aufgabe 1 in eine Tabelle ein. Schreibe so:

Bundesland	Speise in Mundart	Speise in Hochdeutsch
Nordrhein-Westfalen	Himmel un Äd	...

3 Welche Spezialitäten aus deinem Bundesland kennst du? Trage sie in die Tabelle aus Aufgabe 2 ein.

4 Sprecht die Zungenbrecher so schnell wie möglich.

Stoppt eure Zeiten.

Eene jut jebratne Jans is ne jute Jabe Jottes. *(berlinerisch)*
Eine gut gebratene Gans ist eine gute Gabe Gottes.

Doa hocka dia, dia allaweil doa hocka. *(pfälzisch)*
Da hocken die, die immer da hocken.

De dicke Deern drägt de dünne Deern döörn dicken Dreck. *(plattdeutsch)*
Das dicke Mädchen trägt das dünne Mädchen durch den dicken Dreck.

5 Schreibe einen Zungenbrecher in deiner Mundart auf.

6 Sucht nach Zungenbrechern in anderen Mundarten. Stellt ein Mundartenbuch eurer Klasse zusammen.

Merkwörter mit aa und ee (M)

1 Lies den Text.
Schreibe alle Wörter mit doppeltem Selbstlaut heraus.

In Schweden erzählt man sich folgende Geschichte: Der schwedische König Gustav III. glaubte, dass Kaffee giftig sei. Das wollte er seinem Volk beweisen. Er versprach zwei Häftlingen, sie zu begnadigen, unter der Bedingung, dass der eine Häftling täglich mehrere Kaffeetassen voll Kaffee und der andere ein paar Teekannen voll Tee trinken müsse. Die Häftlinge willigten ein und tranken unter Aufsicht eines Arztes den Kaffee und den Tee. Der Kaffeetrinker und auch der Teetrinker überlebten den Arzt und auch den König.

2 Welche Wörter aus Aufgabe 1 gehören zur selben Wortfamilie?
Markiere mit zwei Farben.

3 Erklärt, wann man **Paar** oder **paar** verwendet.

Ich sortiere ein **paar** Socken.

Ich habe ein **Paar** Socken.

Ein **Paar** sind zwei zusammengehörende Menschen oder Dinge.
Ein **paar** sind mehrere Menschen oder Dinge.

4 Schreibe die Sätze auf. Setze **Paar** oder **paar** richtig ein.

Ali hat in der Arbeit nur ein ▆▆ Fehler gemacht.
Neben uns wohnt ein nettes ▆▆.
Mein Freund hat ein ▆▆ Handschuhe verloren.
In ein ▆▆ Tagen habe ich Geburtstag.

Subjekt und Prädikat

1 Lest den Text. Was ist in englischen Schulen anders als bei uns? Erzählt.

Schule in England

Der Schultag beginnt um 9 Uhr mit einer Schulversammlung. Dort hören die Schüler wichtige Neuigkeiten. In England tragen alle Schüler Schuluniformen. Mittags essen die Kinder in der Schule. Danach geht der Unterricht bis 15.30 Uhr weiter.

2 Schreibe den Text aus Aufgabe 1 ab. Erfrage und markiere in jedem Satz das Subjekt.

Subjekt: Wer oder was tut etwas?

3 Was ist in französischen Schulen anders als bei uns? Erzählt.

Schule in Frankreich

In Frankreich gehen alle Schüler in Ganztagsschulen. Die Grundschulzeit dauert fünf Jahre. Täglich besuchen die Kinder von 8.30 Uhr bis 16.30 Uhr die Grundschule. Alle Schüler essen mittags in der Schule. Am Nachmittag gehen sie zu Freizeitangeboten in der Schule. Die Sommerferien dauern zwei Monate.

4 Schreibe den Text aus Aufgabe 3 ab. Erfrage und markiere in jedem Satz das Subjekt und das Prädikat.

Prädikat: Was tut jemand? oder Was geschieht?

5 Schreibe auf, wie es in deiner Schule ist. Erfrage und markiere in jedem Satz das Subjekt und das Prädikat.

Zweiteilige Prädikate

1 Schreibe auf, was die Kinder nach der Schule tun.
Markiere jeweils das Verb. Schreibe so: *ein Klavierstück vorspielen*, …

vorspielen   zubereiten   ausführen   aufsagen

eine Pizza   ein Klavierstück   ein Gedicht   seinen Hund

2 Schreibe ganze Sätze zu den Bildern aus Aufgabe 1.
Schreibe so: *Noriko spielt ein Klavierstück vor. – vorspielen*

3 Markiere in jedem Satz aus Aufgabe 2 das Verb. Was stellst du fest?

> Ein Prädikat kann auch aus zwei Teilen bestehen:
> Noriko **spielt** ein Klavierstück **vor**. – **vorspielen**

4 Schreibe die Sätze auf.
Ergänze die zweiteiligen Prädikate. Markiere sie.

ausmalen

Rasmus ▭ Spielkarten ▭.
Im Chor ▭ Marek ein schönes Lied ▭.   aufräumen   austeilen
Lotte ▭ gerne Mandalas ▭.
Niko ▭ nach dem Spielen sein Zimmer ▭.   vorsingen

5 Bilde mit den Verben Sätze.
Erfrage und markiere die zweiteiligen Prädikate.

nachschlagen   einsteigen   ausschneiden   aufstehen

→ AH S. 54   91

Texte in der richtigen Reihenfolge schreiben

1 Lest die Textteile.
Ordnet die Teile der Geschichte in der richtigen Reihenfolge.

> Schon am ersten Tag besuchte er mit seiner Familie den Bloody Tower, den Blutturm. Dort hörte er die Geschichte von den beiden jungen Prinzen, die von ihrem Onkel in diesem Turm gefangengehalten und ermordet worden waren. Felix stand ganz vertieft vor dem Bild der Prinzen. Nach einer Weile bemerkte er, dass er mutterseelenallein war. Oh, wie gruselig! Was sollte er nur machen? Er wollte gerade nach seinen Eltern rufen, da spürte er plötzlich eine Hand auf seiner Schulter.

> In den letzten Ferien reiste Felix mit seiner Familie nach London. Felix brannte darauf, den Tower von London zu besichtigen.

> Ein aufregender Tag im Tower

> Erschrocken drehte er sich um. Sein Vater fragte: „Wo bleibst du denn?" Noch nie war Felix so froh gewesen, seinen Vater zu sehen.

> Der **rote Faden** führt mich durch meine Geschichte. Ich schreibe aufeinander aufbauend in der richtigen Reihenfolge: **Überschrift**, **Einleitung**, **Hauptteil**, **Schluss**.

2 Schreibe die Geschichte aus Aufgabe 1 in der richtigen Reihenfolge auf.

3 Benenne die Teile der Geschichte aus Aufgabe 2. Markiere sie.

4 Lest die Textteile. Welche Teile fehlen?

> Leas größter Wunsch war tatsächlich in Erfüllung gegangen.
> Die Tage in Frankreich wird sie nie vergessen.

> Am Morgen ihres Geburtstages stand Lea früh auf.
> Sie war sehr aufgeregt. Würde sich ihr größter Wunsch erfüllen?
> Hastig packte sie ihre Geschenke aus. Tatsächlich! Sie durfte
> ihre Freundin in Paris besuchen. Das würde toll werden!

5 Schreibe Stichwörter zum Hauptteil auf.

6 Schreibe die Einleitung aus Aufgabe 4 ab.
Schreibe den Hauptteil
mithilfe deiner Stichwörter auf.

7 Schreibe den Schluss aus Aufgabe 4 ab.
Denke dir eine passende Überschrift aus.

8 Lies den Anfang der Geschichte.
Schreibe einen Hauptteil und Schluss dazu.

An einem heißen Sommertag liefen
Jan und sein italienischer Freund Marcello
am Strand entlang. Sie suchten Muscheln
und erzählten sich Abenteuergeschichten.
Plötzlich sah Marcello in der Ferne ein Boot,
das gestrandet war. Beide rannten los.

9 Finde eine passende Überschrift.

10 Markiere die Überschrift, die Einleitung, den Hauptteil und
den Schluss deiner Geschichte unterschiedlich.

Eine Bildergeschichte schreiben

  Was passiert auf den Bildern? Erzählt.

 Beantworte die folgenden Fragen zu jedem Bild oben. Schreibe Stichwörter auf.

- Welche Personen und Tiere siehst du auf dem Bild? (**Wer?**)
- **Wo** befinden sie sich?
- **Was** passiert auf dem Bild?
- **Was** passiert zwischen den Bildern?
- Was könnten die Personen denken 💭, fühlen ❤️ und sagen 💬 ?

So schreibe ich eine **Bildergeschichte**:
- Ich schaue mir die Bilder genau an.
- Ich überlege, was zwischen den Bildern passiert.
- Ich beantworte die Fragen: Wer? Wo? Was?
- Ich gebe den Personen und Tieren Namen.
- Ich beschreibe die Gedanken 💭 und Gefühle ❤️ der Personen.
- Die wörtliche Rede 💬 macht die Geschichte lebendiger.
- Zum Schluss denke ich mir eine passende Überschrift aus.

3. Schreibe die Bildergeschichte mithilfe deiner Stichwörter auf.

Eine Geschichte überarbeiten

  Schreibe die Sätze mit unterschiedlichen Satzanfängen auf.

| Zuerst … | Später … | Zum Schluss … | Danach … |

| Schließlich … | Sofort … | Anschließend … | Kurz darauf … |

Ben radelte mit seinem Freund durch die Straßen Roms.
Dann stellten sie ihre Fahrräder vor einer Eisdiele ab.
Dann suchten sie sich einen Platz und schauten in die Eiskarte.
Dann bestellten sie sich die größten Eisbecher der Karte.
Dann löffelten sie ihr Eis und ruhten sich aus.
Dann bezahlten sie und radelten weiter.

 Lest den Text. Was stellt ihr fest?

Julia lag müde im Bett und liest in ihrem Reiseführer.
Draußen tobte ein Unwetter. Es stürmt, blitzt und donnerte.
Plötzlich ging das Licht aus. Julia bekommt einen Schreck.
Da erhellte plötzlich ein Blitz ihr Zimmer. Sie sieht Gespenster und will gerade schreien. Da ging die Tür auf und ihre Mutter bringt ihr eine Taschenlampe.

  Schreibe den Text aus Aufgabe 2 im Präteritum auf.

> **So überarbeite ich eine Geschichte:**
> – Ich prüfe, ob alle Menschen und Tiere einen Namen haben.
> – Ich verwende verschiedene Satzanfänge.
> – Ich halte die gewählte Zeitform ein.

4 Überarbeite deine Bildergeschichte von Seite 94 in einer Schreibkonferenz.

→ SB S. 150   → AH S. 56/57

Eine Spielanleitung schreiben

  1 Lest die Stichpunkte.
Erklärt, wie das Spiel gespielt wird.

Name des Spiels: Boule

Anzahl der Mitspieler: 2 oder mehr Kinder

Material: pro Kind 3 Kugeln
in der gleichen Farbe,
eine kleine Kugel (Schweinchen)

Spielanleitung:
– Kugeln verteilen,
– kleine Kugel (Schweinchen) in die Mitte rollen,
– Spieler stehen an der Startlinie,
– Spieler versuchen, das Schweinchen zu treffen,
– Schweinchen darf durch Treffer verschoben werden,
– Spielrunde ist beendet, wenn alle Kinder ihre Kugeln verspielt haben,
– Gewinner ist das Kind, dessen Kugel dem Schweinchen zum Schluss am nächsten ist,
– Gewinner bekommt einen Punkt

Boule ist ein Spiel aus Frankreich.

  2 Lest die Spielanleitungen. Welche findet ihr gut? Begründet.

Boule
Jedes Kind bekommt 3 Kugeln in der gleichen Farbe. Die kleine Kugel, das Schweinchen, rollt ein Spieler in die Mitte des Spielfeldes. Alle Spieler stehen an der Startlinie. Sie versuchen nacheinander, das Schweinchen zu treffen. ...

Boule
Die Spieler versuchen, das Schweinchen zu treffen.
Die Spieler stehen an der Startlinie.
Die Spieler bekamen 3 Kugeln.
Die Spieler rollten das Schweinchen in die Mitte.

So schreibe ich eine **Spielanleitung**:
- Ich beschreibe alle Schritte genau und verständlich.
- Ich halte die richtige Reihenfolge ein.
- Ich achte auf passende Verben und schreibe im Präsens.
- Ich verwende unterschiedliche Satzanfänge.

3 Schreibe mit den Stichwörtern aus Aufgabe 1 eine ausführliche Spielanleitung zum Spiel **Boule**.

4 Spielt das Spiel auf dem Pausenhof.
Überprüfe deine Spielanleitung aus Aufgabe 3.
Hast du das Spiel richtig beschrieben?

5 Suche dir ein Spiel aus, das du gerne mit anderen Kindern spielst.
Schreibe eine ausführliche Spielanleitung für dein Spiel.
Schreibe so:

Name des Spiels: ...

Anzahl der Mitspieler: ...

Material: ...

Spielanleitung: ...

6 Könnt ihr das Spiel nach deiner Anleitung spielen?
Hast du alle Schreibtipps beachtet?
Überarbeite deine Spielanleitung, falls nötig.

7 Schreibt eure Spiele auf Karteikarten für eine Spielesammlung eurer Klasse.

Üben

Merkwörter mit aa, ee, oo M

1. Schreibe die Nomen auf. Markiere **aa**, **ee**, **oo**.

MeerAalBeetSchneeMoorWaageBeereZooSaatMoos

Nomen schreibe ich groß.

Paar oder paar?

2. Schreibe die Wortgruppen auf. Setze **Paar** oder **paar** ein.

ein ___ Socken   ein ___ Freunde

ein ___ Bücher   ein ___ Schuhe

ein ___ Buntstifte   ein ___ Sandalen

ein Paar – zwei zusammengehörende Stücke
ein paar – mehrere Stücke

Subjekt und Prädikat

3. Schreibe die Sätze auf. Setze die passenden Prädikate ein.

Die Niko-Klasse ___ eine alte Burg.
Ali ___ die Folterkammer am besten.
Hugo ___ die alten Ritterrüstungen.
Merit ___ über den tiefen Burggraben.

besucht   gefällt   mag   staunt

Wer oder was?

4. Erfrage und markiere in jedem Satz das Subjekt.

Üben

Merkwörter mit aa, ee, oo (M)

1 Schreibe die Wörter untereinander auf. Setze **aa**, **ee**, **oo** ein.

| Gemüseb◼t | Z◼tiere | Speises◼l | Segelb◼t |

2 Trenne die Wörter in zwei Nomen.
Schreibe so: *das Gemüsebeet → das Gemüse + das Beet, ...*

Paar oder paar?

Nur ein paar Kekse?

3 Schreibe die Sätze auf. Setze **Paar** oder **paar** ein.

Anne hat zum Geburtstag ein ▬ Ohrringe bekommen.
Sinan hat schon ein ▬ Seiten gelesen.
Ali hat ein ▬ Stifte gefunden.
Hugo nascht ein ▬ Kekse aus Nikos Keksdose.

Subjekt und Prädikat

4 Bilde Sätze aus den Satzteilen. Schreibe sie auf.

im Sommer meine Familie reist in fremde Länder
fahre ich am liebsten nach Frankreich
in Italien besuchen unsere Freunde wir immer

5 Erfrage und markiere in jedem Satz das Subjekt und das Prädikat.

Zweiteilige Prädikate

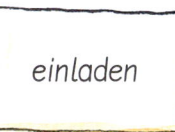

einladen

6 Stelle den Satz mehrfach um. Schreibe alle Sätze auf.

Mein Bruder lädt heute seine Freunde zum Geburtstag ein.

7 Markiere in jedem Satz das zweiteilige Prädikat.

Üben

Merkwörter mit aa, ee, oo (M)

1 Bilde zusammengesetzte Nomen mit doppelten Selbstlauten.
Schreibe so: *der Schnee + die Flocke → die Schneeflocke, ...*

| Schnee | See | Kaffee | Haus | Haar |

| Flocke | Bohne | Gummi | Ungeheuer | Boot |

2 Bilde eigene zusammengesetzte Nomen mit den Nomen.
Schreibe so: *der Zahn + die Fee → die Zahnfee, ...*

| Fee | Tee | Zoo | Meer | Beere |

Paar oder paar?

3 Schreibe die Wortgruppen auf. Setze **Paar** oder **paar** richtig ein.

ein ▭ Geschenke   ein ▭ Skistöcke   ein ▭ Stiefel

ein ▭ Bleistifte   ein ▭ Schlittschuhe   ein ▭ Übungen

4 Schreibe eigene Wortgruppen mit **Paar** oder **paar** auf.

Subjekt und zweiteilige Prädikate

5 Bilde Sätze aus den Satzteilen. Schreibe sie auf.

die Touristen   ihre Koffer   abgeben   am Terminal
der ICE   ankommen   pünktlich   in Berlin
mitnehmen   die Reisegruppe   ihre Fahrräder   nach Frankreich

6 Erfrage und markiere in jedem Satz das Subjekt und das zweiteilige Prädikat.

Wörtertraining

das Handy   das Boot   das Land   das Meer
der See   der Spaziergang   packen   kräftig

1 Schreibe die **Übungswörter** ab.

2 Schreibe den Text ab.

Ferien am Meer

Die großen Ferien verbringt Ali mit seinen Eltern in einem fremden Land am Meer. Beim Strandspaziergang fotografiert Ali mit Papas Handy. Ein paar Boote schaukeln auf den hohen Wellen. Der Wind weht viel kräftiger als zu Hause am See. Gut, dass Ali eine Mütze eingepackt hat.

So schlage ich im Wörterbuch nach:

1. Ich schlage die Seite mit dem **Anfangsbuchstaben** des Wortes auf.
2. Ich schaue nach dem **zweiten** und **dritten Buchstaben** und suche das Wort.
3. Ich merke mir das Wort.

Darauf muss ich achten:
- **Nomen** schlage ich in der Einzahl nach:
  die Länder → das Land, ...
- Bei **zusammengesetzten Wörtern** schlage ich die einzelnen Wörter nach:
  der Strandspaziergang → der Strand + der Spaziergang, ...
- **Verben** und **Adjektive** schlage ich in der Grundform nach:
  *ich packe → packen; einpacken → ein + packen;
  am kräftigsten → kräftig; ...*

---

3 Schlage die markierten Wörter aus dem Text von Aufgabe 2 im Wörterbuch nach. Schreibe die Seitenzahlen auf.

Unsere Erde, unser Zuhause

Zusammengesetzte Nomen

  1 Wie funktioniert der Kreislauf des Wassers? Erklärt.

7. Meerwasser verdunstet

8. Regenwolken bilden sich

1. Regen fällt

6. Wasser fließt ins Meer

2. Regen versickert im Boden

5. Bach entsteht

3. Grundwasser steigt

4. Quellwasser sprudelt aus Erdboden

 2 Bilde zusammengesetzte Nomen.
Schreibe so: *die Quelle + das Wasser → das Quellwasser, ...*

die Quelle + das Wasser   der Regen + die Wolken
der Grund + das Wasser   die Erde + der Boden
das Meer + das Wasser

 3 Schreibe den Text auf.
Setze die zusammengesetzten Nomen aus Aufgabe 2 ein.

Der Kreislauf des Wassers

Im Gebirge gibt es starken Regen. Er versickert im Boden und das ▬ steigt. Dadurch sprudelt ▬ aus dem ▬ – ein Bach entsteht. Viele Bäche fließen in einen großen Fluss und münden ins Meer. Das ▬ verdunstet und steigt zum Himmel. Dort bilden sich ▬ .

Gegenteilige Adjektive mit un-

1 Lies den Text.

Auf der Klassenfahrt

Ole und Benni gehen zum Angeln. Ole ist 💧ausgeschlafen und 💧pünktlich. 💧Sportlich wirft Ole die Angel aus. 💧Ruhig und 💧aufmerksam sitzen beide am Ufer. Es zappelt. 💧Zufrieden grillen sie den 💧gewaschenen Fisch über dem Lagerfeuer. Der Fisch ist 💧genießbar. Beide sind 💧glücklich.

2 Lest den Text erneut. Ersetzt dabei den Wassertropfen 💧 durch die Vorsilbe **un-**. Erklärt, wie sich der Text verändert.

> Von vielen Adjektiven kann ich mit der Vorsilbe **un-** das **gegenteilige Adjektiv** bilden: beliebt – **un**beliebt.

3 Schreibe den Text aus Aufgabe 1 mit den gegenteiligen Adjektiven auf.

Adjektive schreibe ich klein.

4 Bilde die gegenteiligen Adjektive mit **un-**. Schreibe so: *erforscht – unerforscht, ...*

| erforscht | fair | gesund | scharf |

5 Schreibe Sätze mit den gegenteiligen Adjektiven aus Aufgabe 4.

6 Schreibe eigene gegenteilige Adjektive mit **un-** auf.

→ AH S. 61   → AH F+I S. 41

Nach kurzem Selbstlaut: ss

 1 Lies den Brief. Schreibe alle Wörter mit **ss** heraus.

> Liebe Oma,
>
> unsere Klassenfahrt ist toll. Hier gibt es viele Seen und Flüsse. Beim Kanufahren fiel ich ins Wasser und war von Kopf bis Fuß nass. Doch das Paddeln klappt von Tag zu Tag besser. Ole angelt fast jeden Tag Fische. Die essen wir abends am Lagerfeuer. Morgen werde ich mein Nussschalenboot schwimmen lassen.
>
> Viele Grüße und Küsse
> deine Mila

2 Sprich die Wörter mit **ss** aus Aufgabe 1 deutlich.
Wie klingt der Laut vor **ss**? Markiere kurz (•) oder lang (–).

 **3** Schreibe den Text auf. Ergänze die passenden Verbformen.

Die Schwimmweste ▢ Mila wie angegossen.
Sie ▢ ein Thermometer in das Bachwasser und
▢ die Wassertemperatur.
Mila beobachtet die Fische und ▢ dabei die Zeit.

- vergessen
- messen
- passen
- lassen

4 Schreibe die eingesetzten Verben aus Aufgabe 3 in allen Personalformen auf.
Markiere den kurzen Selbstlaut und **ss**.

5 Finde zu jedem Wort verwandte Wörter. Umkreise den gemeinsamen Wortstamm. Schreibe so: (Wass)er: (wäss)rig, …

Wasser   flüssig   messen   nass

104 → AH S. 60   → AH F+I S. 42

Merkwörter mit Qu/qu

1 Lest den Text.
Was erfahrt ihr über Frösche?
Was wisst ihr schon?
Erzählt.

Der Frosch

Der Frosch gehört zur Familie der Amphibien. Bei Dämmerung oder in der Nacht gibt der Frosch ein lautes Quaken von sich.

Wenn es draußen warm ist, ist er quicklebendig. Bei kalten Temperaturen wird er langsam und bequem. Im Herbst sucht sich der Frosch ein Winterquartier. Unter Schlamm, Baumstämmen oder im Moos fällt er in Winterstarre.

2 Schreibe alle Wörter mit **Qu/qu** aus dem Text aus Aufgabe 1 heraus. Markiere **Qu/qu**.

3 Schreibe den Text auf. Ergänze die passenden Wörter.

| quaken | Quark | Quelle | Kaulquappen | quer |

Die Niko-Klasse und Frau Simon wandern zur ▭ am Waldsee.
Frau Simon hat für alle Kinder ▭ mit Kirschen eingepackt.
Beim Picknicken hören sie plötzlich einen Frosch laut ▭.
Viele kleine ▭ schwimmen kreuz und ▭ durchs Wasser.
Emma ist begeistert. So etwas hat sie noch nie gesehen.

4 Suche weitere Wörter mit **Qu/qu** im Wörterbuch.
Schreibe mit ihnen Sätze.

Zeit- und Ortsbestimmung

1 Lest. Was erfahrt ihr über die Krötenwanderung? Erzählt.

Krötenwanderung

Einmal im Jahr findet die Krötenwanderung statt. Von Mitte Februar bis Ende April gehen die Kröten auf Wanderschaft. Mitten in der Nacht sind sie viele Stunden unterwegs. Sie wandern zu ihrem Laichgewässer zurück. Im Wasser legen sie ihre Eier ab. Leider werden viele Kröten vorher auf stark befahrenen Straßen von Autos überfahren.

2 Fragt in den grün markierten Sätzen nach der Zeitangabe. Stellt euch dabei die Fragen: **Wann? Wie lange?** oder **Wie oft?**

> Die **Zeit** bestimme ich mit den Fragen:
> **Wann? Wie lange?** oder **Wie oft?**
> **Wie oft** findet die Krötenwanderung statt? Einmal im Jahr.

3 Schreibe die grün markierten Sätze aus Aufgabe 1 ab.
Schreibe die Fragen nach der Zeitbestimmung auf.
Markiere die Zeitbestimmungen.

4 Wie könnt ihr das blau markierte Satzglied aus Aufgabe 1 erfragen?

> Den **Ort** bestimme ich mit den Fragen:
> **Wo? Wohin?** oder **Woher?**
> **Wohin** wandern die Kröten? Zu ihrem Laichgewässer.

5 Schreibe die letzten zwei Sätze aus Aufgabe 1 ab.
Schreibe die Fragen nach der Ortsbestimmung auf.
Markiere die Ortsbestimmungen.

Präteritum und Perfekt

1 Lest den Text.
In welcher Zeitform stehen die Verben?

> Letzte Woche *habe* ich dem Naturschutzbund *geholfen*.
> Wir *haben* an der Straße einen drei Kilometer langen Zaun *aufgestellt*.
> Gestern *haben* Marek und ich am Zaun viele Kröten *eingesammelt*.
> Marek *hat* die Kröten in einen Eimer *gelegt*.
> Danach *habe* ich sie über die Straße zum Teich *getragen*.
> An einem einzigen Morgen *haben* wir 52 Kröten *eingesammelt*!

2 Trage alle markierten Verben aus dem Text in eine Tabelle ein. Schreibe so:

Perfekt	Präteritum
ich habe geholfen	...

Achte auf die unterschiedlichen Personalformen.

3 Ergänze in der Tabelle aus Aufgabe 2 die Verben im Präteritum.

4 Schreibe den Text aus Aufgabe 1 im Präteritum auf.

5 Schreibe die Sätze ab. Markiere die Verben.

Lotte liest einen Bericht über die Krötenwanderung.
Ali telefoniert mit Herrn Schulz vom Naturschutzbund.
Ole beobachtet die Kröten am Teich.

6 Schreibe die Sätze aus Aufgabe 5 im Präteritum auf.

7 Schreibe die Sätze aus Aufgabe 5 im Perfekt auf.

Einen Erlebnisbericht schreiben

  Lest Emmas Erlebnisbericht. Beantwortet die Fragen.

Hilfe für die Kröten

Am Montag wanderten wir mit Frau Simon zu einem großen Tümpel nahe der Neubausiedlung. Herr Schulz vom Naturschutzbund zeigte uns die stark befahrene Straße und den Krötenzaun. Wir erfuhren viel über den Bau des Zauns und den Schutz der Kröten. Danach schauten wir in den eingegrabenen Eimern nach Kröten. Wir brachten sie auf die andere Straßenseite. Dort setzten wir die Kröten am Ufer des Tümpels aus.
Ich fand diesen Tag toll.

Emma, Klasse 3a

- **Wann** fand das Erlebnis statt?
- **Wo** fand das Erlebnis statt?
- **Wer** war dabei?
- **Was** passierte an diesem Tag?
- **Gefühle** und **Meinungen**

  Schreibe alle Verben aus Emmas Erlebnisbericht heraus. In welcher Zeitform stehen sie? Schreibe sie auf.

So schreibe ich einen **Erlebnisbericht**:
- Ich schreibe eine Einleitung, in der die **W**-Fragen: **Wann? Wo?** und **Wer?** beantwortet werden.
- Ich berichte lückenlos und verständlich, **was** ich erlebt habe.
- Ich schreibe im Präteritum.
- Ich teile kurz meine Gefühle und Meinungen mit.
- Ich wähle zum Schluss eine passende Überschrift.

3 Schaut das Bild an. Lest die Stichwortkarten. Erzählt.

Besuch des Naturschutzgebiets   am 19. März   unsere Klasse

verschiedene Pflanzen und Tiere am Teich kennengelernt

Tier- und Pflanzenwelt bedroht   Zerstörung durch die Menschen

viele Fragen gestellt   alle Kinder sehr interessiert

4 Schreibe mit den Stichwortkarten aus Aufgabe 3 einen Erlebnisbericht.

5 Überprüft eure Erlebnisberichte mithilfe der Schreibtipps von Seite 108. Überarbeitet, wenn nötig.

Schreibe in der wir-Form.

6 Plane deinen eigenen Erlebnisbericht. Schreibe Stichwortkarten.

7 Schreibe mit deinen Stichwortkarten einen eigenen Erlebnisbericht.

8 Überarbeitet deinen Erlebnisbericht in einer Schreibkonferenz.

Meinungen begründen

 1 Schaut das Bild an. Was geschieht hier? Erzählt.

 2 Immer mehr Teiche und Seen werden weggebaggert, damit neue Häuser oder Straßen gebaut werden können.
Wie findet ihr das? Sammelt verschiedene Meinungen. Begründet sie.

In einer Diskussion vertritt jeder seine eigene Meinung.

> Ich finde es nicht richtig, weil …

> Ich bin der Meinung, dass …   > Ich denke, dass …

> Ich bin anderer Meinung, weil …

 3 Diskutiert über die Schilder. Wann und wo sind sie notwendig? Begründet eure Meinungen.

 4 Gestalte eigene Verbotsschilder.

Anredepronomen

1 Lest die E-Mails. Gibt es Unterschiede? Sprecht darüber.

Von: klasse3a@grundschule.de

Betreff: Neues Wohngebiet

Sehr geehrter Herr Bürgermeister,

letzte Woche erfuhren wir von Ihrem Plan, am Krötenteich ein neues Wohngebiet zu bauen. Wir möchten uns für den Schutz der Tiere und Pflanzen dort einsetzen.
Kann man den Teich nicht erhalten?
Bitte denken Sie noch einmal darüber nach! Vielen Dank!

Herzliche Grüße
Ihre Klasse 3a

Von: sinan@grundschulklasse.de

Betreff: E-Mail an den Bürgermeister

Hi Merit,

schade, dass du krank bist. Stell dir vor, wir haben eine E-Mail an den Bürgermeister geschrieben. Hast du noch weitere Ideen, wie wir den Teich retten können?

Viele Grüße
dein Sinan

---

2 In der E-Mail an den Bürgermeister sind die Wörter **Ihrem**, **Sie** und **Ihre** großgeschrieben. Warum? Erklärt.

> Wörter, mit denen ich Personen in E-Mails oder Briefen anspreche, nenne ich **Anredepronomen**.
> Bei der Anrede von erwachsenen Personen schreibe ich die Wörter **Sie, Ihre, Ihr, Ihnen, …** immer groß.
> Bei vertrauten Personen kann ich die Wörter **du, dein, deine, dich, dir, ihr, euch, euer, eure, …** kleinschreiben.

Achte auf die Anredepronomen.

3 Was hättest du an den Bürgermeister geschrieben? Schreibe es auf.

Ein Interview planen und durchführen

 1 Lest die Sprechblasen. Klärt unbekannte Wörter. Spielt das Interview nach.

- Hallo Herr Bürgermeister, darf ich Ihnen ein paar Fragen zum geplanten Wohngebiet stellen?
- Ja natürlich, sehr gerne.
- Warum planen Sie ein neues Wohngebiet?
- Der Wohnraum in unserer Stadt wird immer knapper. Viele Bürger finden keine Wohnung.
- Was passiert mit den Tieren und Pflanzen am Teich?
- Im nahegelegenen Wald errichten wir für die Tiere und Pflanzen ein Naturschutzgebiet.
- Wann errichten Sie das Naturschutzgebiet?
- Wir errichten das Naturschutzgebiet, bevor wir mit dem Bau des Wohngebiets beginnen.
- Vielen Dank für das Interview!

Bei einem **Interview** stelle ich Fragen, um Informationen zu einem Thema zu erhalten.
So **plane** ich ein **Interview**:
- Ich informiere mich über das Thema.
- Ich überlege mir Fragen zum Thema.
- Ich schreibe die Fragen in einer sinnvollen Reihenfolge auf.
- Ich spreche einen Termin (Ort, Datum und Zeit) mit meinem Interviewpartner ab.

  Überlege dir weitere Interviewfragen an den Bürgermeister. Schreibe sie auf.

3. Timo möchte Herrn Schulz vom Naturschutzbund interviewen. Schreibe seine Fragen in einer sinnvollen Reihenfolge auf.

So führe ich ein Interview durch:
- Ich nehme ein Aufnahmegerät und meine Interviewfragen mit.
- Ich erscheine pünktlich am vereinbarten Ort.
- Ich stelle meine Interviewfragen.
- Ich bedanke mich bei meinem Interviewpartner.

4. Plane ein eigenes Interview.

5. Führe dein Interview durch.

Stelle Fragen, auf die man nicht nur mit Ja oder Nein antworten kann.

Üben

Zeit- und Ortsbestimmung

1. Schreibe die Sätze ab. Schreibe die Fragen nach der **Zeitbestimmung** dahinter.

   Emma fährt am Wochenende mit ihrem Fahrrad.
   Ole besucht seinen Freund einmal im Jahr.

2. Schreibe die Sätze ab. Schreibe die Fragen nach der **Ortsbestimmung** dahinter.

   Sinan sitzt am Steg und füttert die Enten.
   Mila schwimmt zum anderen Ufer.

Verben im Präteritum und Perfekt

3. Trage die Verbformen richtig in eine Tabelle ein.

Präteritum	Perfekt
ich lachte	ich habe gelacht

   ich fiel   ich habe gelacht   ich spielte   ich bin gefallen

   ich lachte   ich lief   ich habe gespielt   ich bin gelaufen

Anredepronomen

4. Schreibe die Sätze auf.
   Setze die passenden Anredepronomen ein.

   Ihre   Sie   Ihre

   Sehr geehrter Herr Schulz,

   haben ▩ morgen Zeit? Wir benötigen ▩ Unterstützung.

   Vielen Dank

   ▩ Klasse 3a

Üben

Zeit- und Ortsbestimmung

1 Schreibe die Sätze ab.
Schreibe die Fragen nach der **Zeitbestimmung**
und der **Ortsbestimmung** dahinter. Markiere die
Zeitbestimmung und die **Ortsbestimmung**.

*Wann?
Wie lange?
Wo? Wohin?*

Am Nachmittag spielen Marek und Ali Fußball.
Noriko telefoniert eine Stunde mit ihrer Oma.
Lottes Brieffreundin lebt in der Schweiz.
Nina wirft den Basketball in den Korb.

Verben im Präteritum und Perfekt

2 Trage die Verben im Präteritum
in eine Tabelle ein.
Ergänze sie im Perfekt.

Präteritum	Perfekt
ich baute	ich habe gebaut

ich baute   ich fing   ich fand   ich blieb   ich träumte

ich stolperte   ich kletterte   ich rannte   ich wanderte

Anredepronomen

3 Schreibe die Sätze auf.
Setze die passenden Anredepronomen ein.

> Sehr geehrte Frau Yilmaz,
> herzlichen Dank für ▬ Unterstützung beim Schulfest.
> ▬ backen das beste Fladenbrot!

> Hallo Lotte,
> vielen Dank für ▬ Karte von der Klassenfahrt.
> Da hast ▬ ja tolle Dinge erlebt.

115

Üben

Zeit- und Ortsbestimmung

1 Schreibe die Sätze ab.
Schreibe die Fragen nach der **Zeitbestimmung** und der **Ortsbestimmung** dahinter. Markiere die **Zeitbestimmung** und die **Ortsbestimmung**.

Ali besucht im Sommer seine Großeltern in der Türkei.
Am Abend liegt Anne im Bett und hört ein Hörspiel.
Seit einer halben Stunde sitzen Ole und Marek am Teich und angeln.
In jeder Hofpause spielen die Kinder am Kirschbaum Verstecken.

Verben im Präteritum und Perfekt

2 Trage die Verben in eine Tabelle ein. Ergänze sie im Präteritum und im Perfekt.

Grundform	Präteritum	Perfekt
tanzen	*ich tanzte*	*ich habe getanzt*

tanzen fliehen schwimmen baden steigen

essen springen fahren putzen

Anredepronomen

3 Schreibe die Sätze auf. Setze die passenden Anredepronomen ein.

Sehr geehrter Herr Becker,
wie geht es ▮▮▮ und ▮▮▮ Familie? Wir haben uns auf ▮▮▮ Bauernhof sehr wohl gefühlt. Hätten ▮▮▮ in den Sommerferien noch ein Zimmer frei?
Herzliche Grüße
▮▮▮ Mila

Wörtertraining

der Schutz · das Radio · überqueren · vorsichtig · die Straße · die Zukunft · dick · setzen

1. Schreibe die **Übungswörter** ab.

2. Schreibe den Text ab.

   Krötenschutz
   Im Radio hört Marek einen Beitrag über die aktuelle Krötenwanderung. Jeden Frühling helfen viele Menschen, die Kröten zu schützen. Ein Zaun hindert die Kröten daran, die Straße zu überqueren. Vorsichtig tragen Tierschützer die dicken Kröten in einem Eimer über die Straße. Am Teich setzen sie die Kröten wieder aus. In Zukunft möchte auch Marek beim Schutz der Kröten helfen.

3. Suche aus den **Übungswörtern** die vier Nomen heraus. → SB S. 21
   Übe sie.

4. Suche aus den **Übungswörtern** die zwei Verben heraus. → SB S. 53
   Übe sie.

5. Suche aus den **Übungswörtern** die zwei Adjektive heraus. → SB S. 69
   Übe sie.

6. Schreibe die sechs mehrsilbigen **Übungswörter** in Silben getrennt auf. → SB S. 37

7. Schlage die markierten Wörter aus dem Text von Aufgabe 2 im Wörterbuch nach. Schreibe die Seitenzahlen auf. → SB S. 101

8. Schreibe zu einigen **Übungswörtern** drei Wörter auf, die zur selben Wortfamilie gehören. → SB S. 85

Bücherwurm und Computermaus

Umfrage

1 Die Niko-Klasse will eine Umfrage zum Thema „Medien" machen. Lest den Fragebogen. Was würdet ihr antworten?

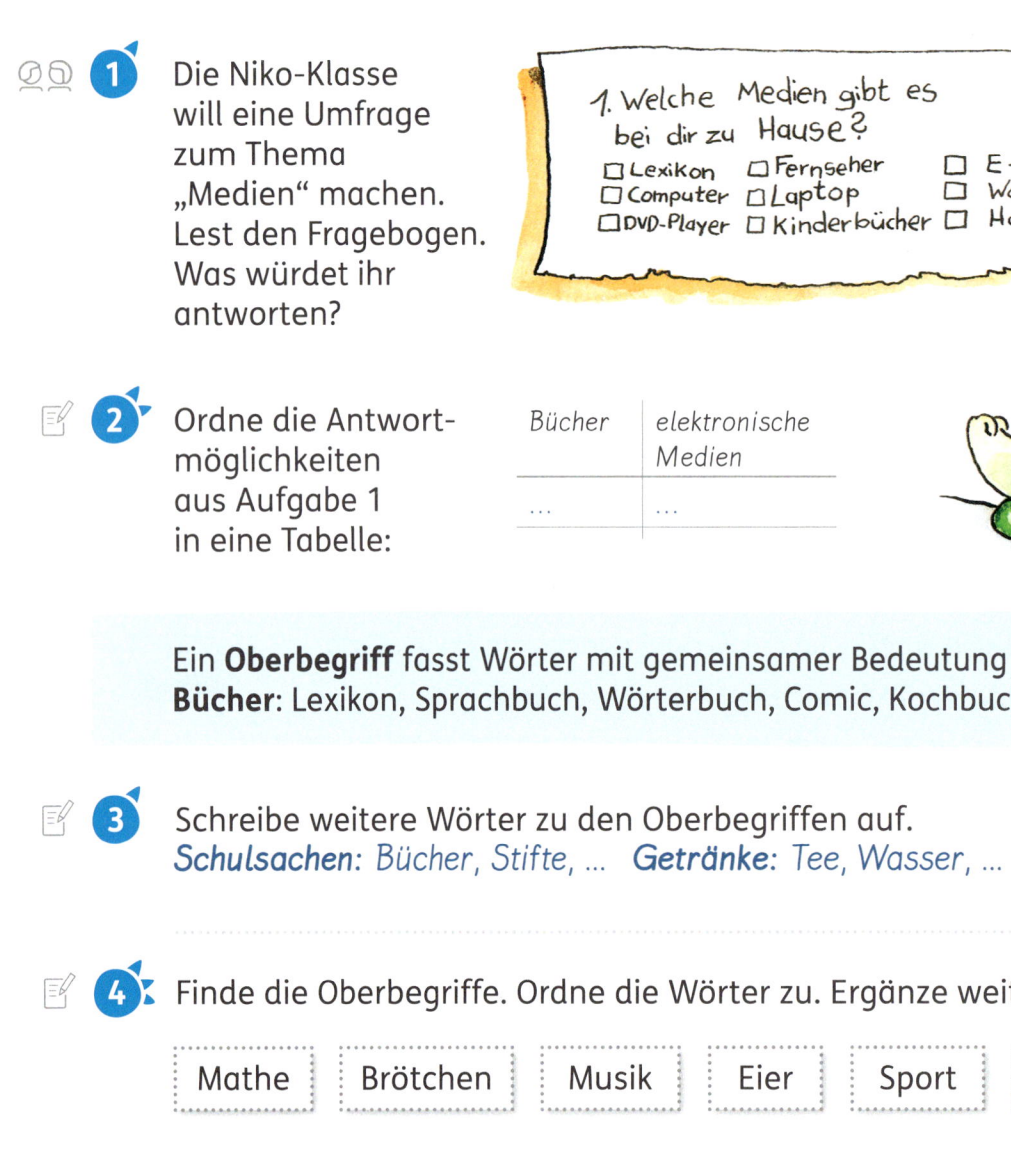

2 Ordne die Antwortmöglichkeiten aus Aufgabe 1 in eine Tabelle:

Bücher	elektronische Medien
...	...

> Ein **Oberbegriff** fasst Wörter mit gemeinsamer Bedeutung zusammen.
> **Bücher**: Lexikon, Sprachbuch, Wörterbuch, Comic, Kochbuch, ...

3 Schreibe weitere Wörter zu den Oberbegriffen auf.
Schulsachen: Bücher, Stifte, ...   *Getränke*: Tee, Wasser, ...

4 Finde die Oberbegriffe. Ordne die Wörter zu. Ergänze weitere Wörter.

Mathe   Brötchen   Musik   Eier   Sport   Bananen

5 Überlegt euch weitere Fragen für den Fragebogen aus Aufgabe 1. Beantwortet sie in der Klasse. Sprecht über eure Ergebnisse.

Eine Pro-kontra-Diskussion führen

1 Emma und Rasmus mögen „Gregs Tagebuch".
Emma hat alle Bücher gelesen. Rasmus mag lieber die Filme.
Lies das Streitgespräch. Wie denkst du darüber?

2 Findet eigene Argumente für oder gegen Filme zu Büchern.

> So führen wir eine **Pro-kontra-Diskussion**:
> – Wir stellen fest, wer dafür und wer dagegen ist. Jeder sammelt überzeugende Argumente für seinen Standpunkt.
> – Wir legen Gesprächsregeln fest.
> – Wir bestimmen einen Gesprächsleiter. Er erteilt das Wort und achtet auf die Einhaltung der Gesprächsregeln.

3 Spielt die Pro-kontra-Diskussion aus Aufgabe 2 mit euren Argumenten nach. Legt einen Gesprächsleiter fest.

4 Entscheidet euch für ein Thema.
Führt eine Pro-kontra-Diskussion.

Hörbuch oder Buch?

Fernseher im Kinderzimmer: ja oder nein?

Informationen recherchieren

1 Lest den Text. Klärt unbekannte Wörter.
Wo findet Emma das Interview?

Emma möchte sich über den Autor von „Gregs Tagebuch",
Jeff Kinney, informieren. Sie sucht in ihren Greg-Büchern nach
Hinweisen. Dort findet sie die Internetadresse www.gregstagebuch.de.
Auf der Homepage kann sie ein Interview mit dem Autor lesen.

2 Lies das Interview.

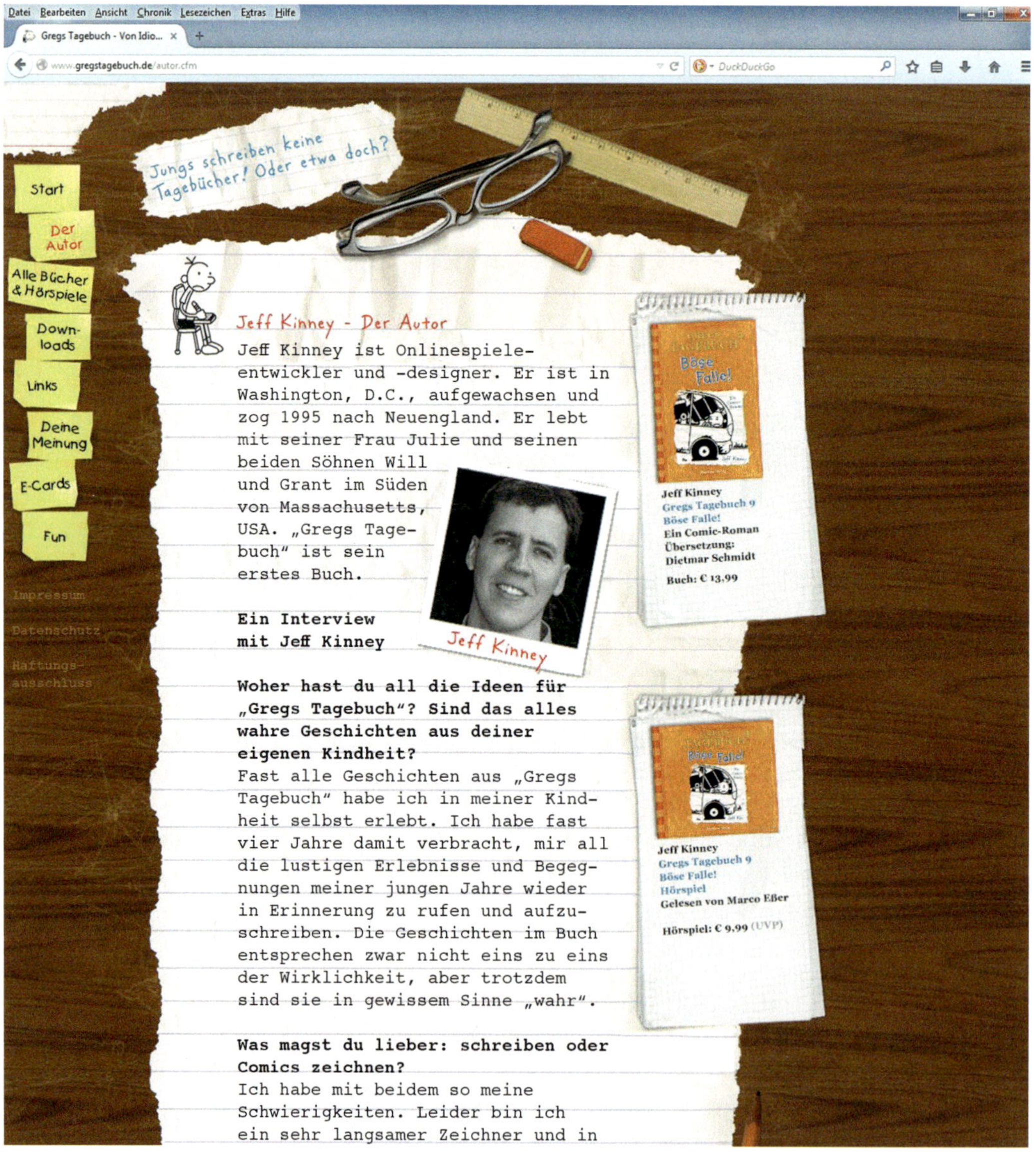

Jungs schreiben keine Tagebücher! Oder etwa doch?

Jeff Kinney – Der Autor

Jeff Kinney ist Onlinespiele-entwickler und -designer. Er ist in Washington, D.C., aufgewachsen und zog 1995 nach Neuengland. Er lebt mit seiner Frau Julie und seinen beiden Söhnen Will und Grant im Süden von Massachusetts, USA. „Gregs Tagebuch" ist sein erstes Buch.

Ein Interview mit Jeff Kinney

Woher hast du all die Ideen für „Gregs Tagebuch"? Sind das alles wahre Geschichten aus deiner eigenen Kindheit?
Fast alle Geschichten aus „Gregs Tagebuch" habe ich in meiner Kindheit selbst erlebt. Ich habe fast vier Jahre damit verbracht, mir all die lustigen Erlebnisse und Begegnungen meiner jungen Jahre wieder in Erinnerung zu rufen und aufzuschreiben. Die Geschichten im Buch entsprechen zwar nicht eins zu eins der Wirklichkeit, aber trotzdem sind sie in gewissem Sinne „wahr".

Was magst du lieber: schreiben oder Comics zeichnen?
Ich habe mit beidem so meine Schwierigkeiten. Leider bin ich ein sehr langsamer Zeichner und in

Jeff Kinney
Gregs Tagebuch 9
Böse Falle!
Ein Comic-Roman
Übersetzung: Dietmar Schmidt
Buch: € 13,99

Jeff Kinney
Gregs Tagebuch 9
Böse Falle!
Hörspiel
Gelesen von Marco Eßer
Hörspiel: € 9,99 (UVP)

„Gregs Tagebuch" gibt es ja über tausend Illustrationen. Manchmal kommt der Spaß an der Arbeit da etwas zu kurz, wenn ich bedenke, wie lange ich für all die Illustrationen brauche. Ganz großen Spaß habe ich dann aber daran zu sehen, wie das Geschriebene und die Comics auf der Buchseite zusammengefügt werden. Es ist toll zu sehen, wie die Ideen aus deinem Kopf auf der Seite Gestalt annehmen.

Hast du als Kind Tagebuch geschrieben?
Ich habe als Kind kein Tagebuch geführt, aber ich wünschte, ich hätte es getan. Das hätte das Schreiben von „Gregs Tagebuch" viel einfacher gemacht! Aber vor etwa fünf Jahren habe ich angefangen, regelmäßig Tagebuch zu schreiben. Ich habe damit begonnen, weil ich zu viel Zeit mit Fernsehen und Videospielen vergeudet habe und ich nichts für die Verbesserung meiner Fähigkeiten als Comic-Zeichner getan habe. Das Tagebuchschreiben hat mich dann zu „Gregs Tagebuch" inspiriert.

Hast du irgendwelche Ratschläge dafür, wie man ein Tagebuch schreibt?
Ja. Man sollte seine Einträge möglichst kurz halten, sodass nicht das Gefühl aufkommt, dass man jeden Tag so viel schreiben müsste. Wenn der Druck zu groß wird, hört man schnell wieder auf.

Was ist das Schwierigste daran, ein Schriftsteller zu sein?
Das Schwierigste daran ist, kritisch gegenüber dem eigenen Text zu sein. Es ist sehr leicht, einfach alles aufzuschreiben, was einem so durch den Kopf geht. Und voilà, da ist das Buch. Aber das wäre dann sicherlich kein gutes Buch.

Was ist das Beste daran, ein Schriftsteller zu sein?
Das Beste daran ist der Moment, in dem man das echte, gedruckte Buch in seinen eigenen Händen hält.

3 Was erfahrt ihr über Jeff Kinney? Erzählt mit eigenen Worten.

4 Suche Informationen zum Autor deines Lieblingsbuches. Stelle ihn der Klasse vor.

Ein Tagebuch schreiben

 ❶ Kannst du dir vorstellen, ein Tagebuch zu schreiben?
Führt eine Pro-kontra-Diskussion dazu.

 ❷ Lest Emmas Tagebucheintrag. Wie ist er aufgebaut? Erklärt.

Liebes Tagebuch,
17. Juni

heute haben wir in der Schule über Bücher und Filme gesprochen. Ich liebe Bücher! Rasmus mag lieber Filme. Frau Simon hat gesagt, dass jeder seine eigene Meinung haben darf.

Am Nachmittag habe ich mit Mila gespielt. Wir waren im Tierheim und sind mit zwei süßen Hunden spazieren gegangen. Das hat Spaß gemacht. Ich wünsche mir zum Geburtstag auch einen Hund!

Emma

So schreibe ich in ein **Tagebuch**:
– Ich schreibe das Datum auf.
– Ich schreibe auf, was passiert ist, was mich gefreut oder geärgert hat.
– Dazu passend kann ich etwas malen oder zeichnen.
– Ich kann meinen Tagebucheintrag unterschreiben.

 ❸ Schreibe selbst einen Tagebucheintrag. Male dazu.

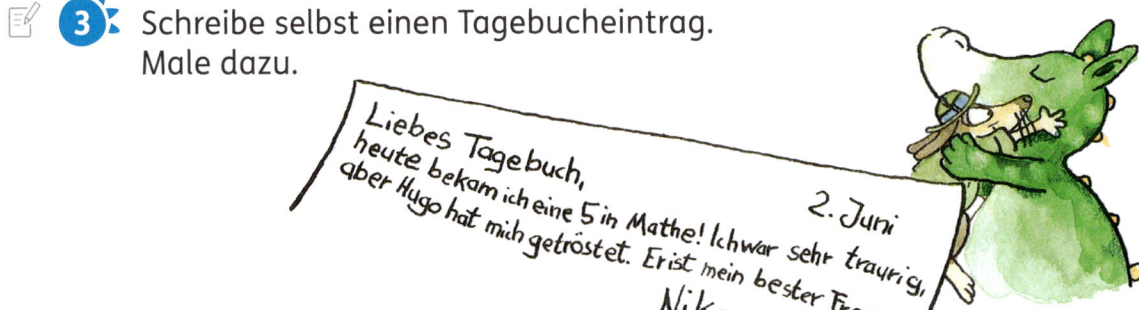

Ein Lesetagebuch schreiben

1 Lies die Einträge. Was gefällt dir, was nicht? Begründe.

Buch angefangen: 12.04.2014
Titel: "Gregs Tagebuch" Keine Panik!
Autor: Jeff Kinney
Seitenzahl: 217
Verlag: Baumhaus Verlag
Buchinhalt:
Die Wochen vor den Weihnachtsferien machen Greg immer völlig nervös. Er bekommt Gänsehaut, wenn er an den Weihnachtsmann denkt. Mom hat eine alte Puppe im Keller gefunden und behauptet, dass sie der Spion vom Weihnachtsmann sei.
In der Stadt gab es einen heftigen Schneesturm, der für längeren Stillstand gesorgt hat. Greg erlebt viele lustige aber auch spannende Abenteuer zu Hause und in der Schule.
An manchen Stellen hat mir das Buch nicht gefallen.

Malena

Buch ausgelesen:
14.04.2014

Buch angefangen: 5. März 2014

Titel: Ostwind – zusammen sind wir frei

Autorin: Carola Wimmer

Seitenzahl: 155

Verlag: cbj München

Buch ausgelesen am: 8. März 2014

Ich fand das Buch toll, weil ich Pferde mag und es sehr spannend war.

Elisabeth

Das kann ich in mein Lesetagebuch schreiben:
- Ich notiere das Datum, an dem ich mit dem Buch begonnen habe.
- Ich schreibe Buchtitel, Autor, Seitenzahl und Verlag auf.
- Ich fasse den Buchinhalt kurz zusammen.
- Ich zeichne die Hauptfiguren oder schreibe einen Steckbrief.
- Ich male ein Bild zum Buch oder zeichne einen Comic.
- Ich entwerfe ein eigenes Titelbild für das Buch.
- Ich schreibe einen Steckbrief über den Autor/die Autorin.
- Ich notiere das Datum, an dem ich das Buch ausgelesen habe.
- Ich schreibe auf, wie mir das Buch gefallen hat.

2 Führe ein eigenes Lesetagebuch.

Einen Buchtipp schreiben

1 Lest Mareks Buchtipp. Erklärt seinen Aufbau.

Mein Buchtipp

Das Buch mit dem Titel „Ein Pferd namens Milchmann" erschien 2005 im Carlsen Verlag und hat 138 Seiten. Die Autorin Hilke Rosenboom schrieb viele interessante Kinderbücher. Bei diesem Buch handelt es sich um einen Kinderroman.

Als sich Herman an einem Morgen im Mai gerade einen Ritter in sein Butterbrot ritzt, hört er plötzlich, wie jemand draußen laut hustet.
Er staunt nicht schlecht, als er auf der Terrasse ein Pferd entdeckt.
Das Pferd mit dem Namen Milchmann stellt sich mit zitternden Lippen vor. Es sieht so traurig aus, dass Herman sofort etwas unternehmen muss. Milchmann darf auf keinen Fall in die Hände der Tierfänger geraten, die nachts um die Garage von Herman herumschleichen.

Ich finde das Buch super, weil es um Abenteuer, Freundschaft und Tiere geht. Es ist spannend geschrieben und für Mädchen und Jungen interessant.

Merkmale:
- Titel
- Erscheinungsjahr, Verlag und Seitenzahl
- Autorin
- Art des Buches
- Hauptfiguren
- kurze Inhaltsangabe
- Bewertung/Empfehlung

2 Schreibe zu jedem Merkmal aus Aufgabe 1 Stichwörter zu deinem Lieblingsbuch auf.

So schreibe ich einen **Buchtipp**:
- Ich nenne Titel und Autor, Erscheinungsjahr, Verlag und Seitenanzahl des Buches.
- Ich schreibe kurz etwas zum Autor und zur Buchart.
- Ich stelle die Hauptfiguren vor.
- Ich gebe eine kurze Inhaltsangabe, verrate aber nicht zu viel.
- Ich begründe, warum mir das Buch so gut gefallen hat.
- Ich gebe eine Empfehlung, wem das Buch noch gefallen könnte.

3 Schreibe und gestalte einen Buchtipp zu deinem Lieblingsbuch. Du kannst auch am Computer arbeiten:

- Falsch geschriebene Wörter werden am Computer automatisch rot unterstrichen:

- Wenn du nicht weißt, wo im Wort der Fehler ist, kannst du das Rechtschreibprogramm nutzen. Suche den Menüpunkt **Rechtschreibung und Grammatik** und klicke darauf:

- Das Schreibprogramm schlägt dir Korrekturen vor. Wähle die passende Korrektur aus.

Ein Hörspiel planen und gestalten

 1 Lest den Text. Wer sagt was?

Der Grüffelo

Die Maus spazierte im Wald umher.
Der Fuchs sah sie kommen und freute sich sehr.
„Hallo, kleine Maus, wohin geht die Reise?
Bei mir im Bau gibt's Götterspeise."
„Schrecklich nett von dir, Fuchs, doch ich sag leider nein,
ich muss schon zu Mittag beim Grüffelo sein."
„Beim Grüffelo? Sag, was ist das für ein Tier?"
„Den kennst du nicht? Dann beschreib ich ihn dir:
Er hat schreckliche Hauer und schreckliche Klauen
und schreckliche Zähne, um Tiere zu kauen."
„Wo triffst du ihn denn?"
„Gleich hier, bei dem Stein.
Und Fuchsspieß zu Mittag, das fände er fein."
„Fuchsspieß? Nein danke!",
rief darauf der Fuchs.
Er grüßte zum Abschied und flüchtete flugs.
„Wie dumm von dem Fuchs! Er fürchtet sich so.
Dabei gibt's ihn doch gar nicht, den Grüffelo!"

Axel Scheffler und Julia Donaldson

  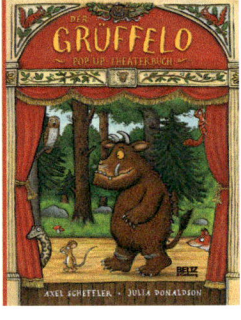

 **2** Erklärt die rettende Idee der kleinen Maus.

 3 Lest den Text mit verteilten Rollen.

4 Schreibt ein Hörspiel. Nutzt die wörtliche Rede des Textes. Arbeitet so:

Erzähler (ruhig, sachlich):   Die Maus spazierte im Wald umher.
                                  Der Fuchs sah sie kommen
                                  und freute sich sehr.

(Man hört die Maus pfeifen.)
(Man hört den Fuchs leise lachen.)
Fuchs (schmeichelnd, leise):   Hallo, kleine Maus? ...
Maus (freundlich, bestimmt):   Schrecklich nett ...

5 Lest das Hörspiel mit verteilten Rollen.
Achtet auf betontes Sprechen.

6 Wem könnte die Maus noch begegnen?
Erweitert die Geschichte durch eigene Ideen.

7 Denkt euch passende Geräusche aus, die in eurem Hörspiel vorkommen können.
Setzt Instrumente, Gegenstände und Ausrufe ein.

Achtung, Aufnahme! Vermeidet störende Nebengeräusche.

8 Übt euer Hörspiel.
Achtet auf betontes Sprechen.
Denkt an die Geräusche.

9 Nehmt euer Hörspiel auf.
Hört es euch gemeinsam an.

Verlängern: b/d/g am Wortende

1 Schreibe die Nomen in Einzahl und Mehrzahl auf. Markiere **b**, **d** und **g**.

das Rad   der Berg   der Abend   das Sieb

der Teig   der Korb   der Bahnsteig   der Wald

2 Schreibe die Wörter nach Wortfamilien geordnet auf.

Räuber   Hand   Raub

handlich   Handschuh   ausrauben

3 Verlängere die Wörter. Schreibe so: *lieber → also: lieb, …*

b oder **p**?   lie■, das Kal■, plum■, der Lum■, der Die■

d oder **t**?   das Zel■, gesun■, der Freun■, die Fruch■, wil■

g oder **k**?   der Zu■, kräfti■, klu■, der Zwer■, die Ban■

4 Entscheide erst, wie die Wörter geschrieben werden. Schreibe dann den Text mit den fehlenden Buchstaben auf.

Ole liest das Buch „Elefan■ in No■". Der Elefan■ Rhani lebt auf einem Fel■ hinter einem Ber■ aus San■. Am Aben■ machen Männer Jag■ auf wilde Tiere. Rhani wird betäubt und in einen Käfi■ gesperrt. Es ist Nach■ und der Mon■ scheint. Rhani trompetet wüten■ und lau■. Ein Junge hat Mitlei■. Ole hofft, dass der Junge Rhani befreien kann und sich beide aus dem Stau■ machen.

5 Überprüfe deine Wörter aus Aufgabe 4 mit dem Wörterbuch.

Verlängern: b/d/g im Wortinneren

 1 Erzählt zu den Bildern. Verwendet das richtige Verb.

geben

zeigen

tragen

legen

2 Bilde zu jedem Verb alle Personalformen.
Umkreise den Wortstamm. Schreibe so: *ich(geb)e, du ..., ...*

3 Verlängere die Verben. Schreibe so: *heben – sie hebt, ...*

sie he■t   sie ü■t   es schlä■t

es blin■t   er hu■t   sie erlau■t   er fra■t

b oder p? g oder k?

4 Schreibe zu jedem Nomen das verwandte Verb auf.
Entscheide dann, wie die Nomen geschrieben werden.
Schreibe so: *jagen – das Jagdschloss, ...*

das Ja■dschloss   das Schla■zeug   die Verwan■lung

die Erlau■nis   das Flu■zeug   das Erle■nis

Üben

Oberbegriffe

1. Schreibe die Oberbegriffe und die Wörter ab.
   Schreibe weitere Wörter zu den Oberbegriffen auf.
   Fahrzeuge: Auto, Roller, ...
   Körperteile: Kopf, Hand, ...
   Berufe: Lehrerin, Busfahrer, ...

Wörtliche Rede

2. Schreibe den Text ab.
   Markiere die Zeichen der wörtlichen Rede.

   Niko und Hugo lesen.
   Niko sagt: „Ich lese ein Buch über Dinos."
   Hugo fragt: „Darf ich es auch mal lesen?"
   Niko ruft: „Klar, wenn ich damit fertig bin!"

   Das sind die Zeichen der wörtlichen Rede.

3. Schreibe den Satz mit den Zeichen der wörtlichen Rede auf.
   Hugo sagt   Ich möchte mehr über Dinos wissen.

Verlängern: Wörter mit b/d/g

4. Schreibe die Wortpaare auf.
   Setze die fehlenden Buchstaben ein.

   die Hef**t**e – das Hef▪   die We▪e – der We▪
   die Hem**d**en – das Hem▪   die Hel▪en – der Hel▪
   die Sie▪e – das Sie▪   die Bro▪e – das Bro▪

   Die Mehrzahl hilft dir.

   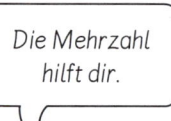

5. Markiere die eingesetzten Buchstaben.

Üben

Oberbegriffe

1 Schreibe die Wörter zu den Oberbegriffen geordnet auf.

Hose   Narzisse   Hemd   Tulpe   Schuhe   Krokus

2 Ergänze weitere Beispiele zu jedem Oberbegriff.

Wörtliche Rede

3 Schreibe den Text mit den fehlenden Anführungszeichen auf. Markiere den Begleitsatz.

Niko sagt: Ich gehe heute in die Bücherei.
Hugo meint: Da komme ich mit.
Niko ruft: Super! Aber bitte beeile dich!
Hugo antwortet: Ich hole nur noch schnell mein Buch.

Der Begleitsatz sagt mir, wer spricht.

Verlängern: Wörter mit b/d/g

4 Verlängere die Wörter. Schreibe so: *die Stäbe → also: der Stab, …*

b oder **p**?   der Sta■, tau■, der Rau■, gro■, das Mikrosko■
d oder **t**?   blin■, der Sala■, der Urwal■, der Or■, spannen■
g oder **k**?   der Ta■, fleißi■, kran■, der Erfol■, eifri■, die Fabri■

5 Verlängere die Verben. Schreibe so: *erleben – er erlebt, …*

er erle■t   sie bewe■t   er zei■t   sie stei■t
sie rei■t   es blei■t   sie par■t   er har■t

Üben

Oberbegriffe

1 Finde die Oberbegriffe.
Ordne die Wörter zu und ergänze weitere Wörter.

| Bett | Weizen | Schrank | Salz | Gerste | Roggen |

| Pfeffer | Kümmel | Tisch | Hafer | Curry | Stuhl |

Wörtliche Rede

2 Schreibe den Text richtig auf. Ergänze die Satzschlusszeichen und die Zeichen der wörtlichen Rede.

Niko und Hugo sind in der Bücherei Niko sagt Ich möchte dieses Buch zurückbringen Die Bibliothekarin fragt Hat es dir gefallen Niko antwortet Ja, es war sehr spannend Gibt es noch andere Bücher von diesem Autor Hugo ruft Ich möchte ein Buch über Hörnchen ausleihen

Verlängern: Wörter mit b/d/g

3 Entscheide erst, wie die Wörter geschrieben werden. Schreibe sie dann auf.

| der Hun▢ | das Lie▢ | er bewe▢t |

| sie glau▢t | der Geburtsta▢ | es ja▢t |

| sie rau▢t | tierlie▢ | bun▢ | der Punk▢ |

4 Bilde Unsinnssätze mit den Wörtern aus Aufgabe 3.

Wörtertraining

die Nässe das Stück die Sammlung ungefähr
die Nummer die Verschmutzung dreckig wissen

1 Schreibe die Übungswörter ab.

2 Schreibe den Text ab.

Unsere Sammlung

*Unsere Klasse sammelt Bücher über Dinos.
Wir haben viele Sachbücher und Bücher
mit lustigen Geschichten über Dinosaurier.
Jedes Buch bekommt eine Nummer,
damit jeder weiß, wie viele Bücher wir haben.
Jedes Jahr kommen ungefähr 30 Stück zu unserer
Sammlung dazu. Die Bücher darf man ausleihen.
Damit die Bücher nicht dreckig werden, bekommen sie
einen Umschlag. So sind sie vor Nässe und Verschmutzung
geschützt.*

3 Suche aus den Übungswörtern die fünf Nomen heraus. → SB S. 21
Übe sie.

4 Suche aus den Übungswörtern das Verb heraus. → SB S. 53
Übe es.

5 Schreibe die sieben mehrsilbigen Übungswörter in Silben
getrennt auf. → SB S. 37

6 Schlage die markierten Wörter aus dem Text von Aufgabe 2
im Wörterbuch nach. Schreibe die Seitenzahlen auf. → SB S. 101

7 Schreibe zu einigen Übungswörtern drei Wörter auf,
die zur selben Wortfamilie gehören. → SB S. 85

Durch das Jahr

Herbst: Bastelanleitung Blättertiere

 1 Schaut euch die Blättertiere an. Welche Blätter wurden verwendet? In welcher Reihenfolge wurden sie aufgeklebt?

Buche Eberesche Linde

Eiche Kastanie Hasel Birke

2 Sammle und presse verschiedene Herbstblätter.

3 Lege ein Tier aus Aufgabe 1 nach oder denke dir ein neues Tier aus. Verwende dazu die gepressten Blätter aus Aufgabe 2.

4 Schreibe eine Bastelanleitung für dein Blättertier aus Aufgabe 3:
Ich brauche: Blätter von …
Zuerst lege ich … Dann …

Halloween: Bildergeschichte

 1 Was passiert auf den Bildern? Erzählt.

2 Schreibe Stichwörter zu jedem Bild aus Aufgabe 1 auf.
Die Fragen helfen dir dabei:
- Wo und wann spielt die Geschichte?
- Wer ist auf dem Bild zu sehen?
- Was passiert auf dem Bild?
- Was passiert zwischen den Bildern?
- Was denken 💭, fühlen ❤ oder sagen 💬 Hugo und Niko?

3 Schreibe die Halloween-Geschichte von Niko und Hugo auf.

→ AH F+I S. 52/53

Weihnachten: Bethlehem-Rap

1 Lest den Bethlehem-Rap.
Erzählt mit eigenen Worten, wovon er handelt.

1. Die Sache ist schon eine Weile her,
zweitausend Jahre so ungefähr.
Bethlehem heißt die kleine Stadt
in Israel, wo sie sich zugetragen hat.

2. Die Römer waren zu dieser Zeit
die absolute Supermacht, weltweit.
Sie hatten 'ne Menge Militär
und immerzu waren die Kassen leer.

3. Darum vom Kaiser der Beschluss,
dass man mehr Steuern zahlen muss
und sich erfassen zu lassen hat
jeder in seiner Heimatstadt.

4. Da zog Joseph, der Zimmermann,
seine Reisesandalen an.
Er wollte nach Bethlehem aufs Amt,
weil er nun mal aus Bethlehem stammt.

5. Und weil er seine Frau, die Maria hieß,
ungern alleine zu Hause ließ,
schnürte er ihre Sandalen auch.
Maria hatte ein Baby im Bauch.

6. Der Tag war heiß und der Weg war weit.
Sie trafen ein um die Abendbrotzeit.
Nun aber schnell ein Quartier gesucht!
So ein Pech: Alles ausgebucht!

7. Joseph rannte von Tür zu Tür:
„Leute, macht auf! Ihr kriegt dafür
alles, was ich hab, aber seid so nett,
gebt meiner schwangeren Frau ein Bett!"

8. „Betten haben wir keine mehr,
aber ein alter Stall steht leer.
Hier eine Decke, ein Bündel Stroh!
Besser trefft ihr es nirgendwo." ...

Text und Musik: Joachim Christian Rau

2 Wie geht die Geschichte weiter? Erzählt.

3 Übt den Bethlehem-Rap rhythmisch zu sprechen.

4 Begleitet euren Sprechgesang mit Instrumenten.

5 Spielt den Rap als Theaterstück.

Weihnachten: Parallelgedicht

  1 Lest das Gedicht.
Wo werden hier die Geschenke versteckt?

Wo man Geschenke verstecken kann

Im Keller hinter Kartoffelkisten,
im Schreibtisch zwischen Computerlisten,
in alten verstaubten Bauerntruhen,
in ausgelatschten Wanderschuhen,
auf Wohnzimmerschränken, in Blumenvasen,
ja, selbst in Bäuchen von flauschigen Hasen,
in Einzelsocken, ohne Loch,
und eine Möglichkeit wäre noch,
das Geschenk unter die Matratze zu legen.
Das ist nicht so gut der Bequemlichkeit wegen.
Der Toilettenspülkasten eignet sich nicht,
denn welches Geschenk ist schon wasserdicht?
Ob sperrig, ob handlich, ob groß oder klein:
Geschenke verstecken muss einfach sein.
Das einzig Schwierige daran ist,
dass man das Versteck so leicht vergisst.

Regina Schwarz

  2 Überlegt, wo ihr noch Geschenke verstecken könnt.
Sammelt Reimwörter. Schreibt so:
Kleiderschrank – Gartenbank, Schultasche – Wasserflasche, …

  3 Schreibe mithilfe der Reimwörter aus Aufgabe 2 Zweizeiler.
Schreibe so: *In meinem Regal in der Stofftiermaus,
bei meinem Bruder im Spielzeughaus.*

Weihnachten:
Rezept für ein Butterkekshaus

  1 Schaut die Bilder an. Bringt die Sätze in die richtige Reihenfolge.

> Nun gebe ich auf einen Keks einen Klecks Zuckerguss. Darauf setze ich den Dominostein.

> Jetzt stelle ich die beiden Kekse als Dach schräg an den Dominostein. Wo sich die beiden Kekse oben treffen, verteile ich viel Zuckerguss.

> Zuerst verrühre ich den Zitronensaft mit dem Puderzucker.

> Zum Schluss streiche ich Zuckerguss auf das Dach und streue bunte Streusel darauf. Die Gummibärchen setze ich in zwei Kleckse Zuckerguss vor den Dominostein.

> Anschließend streiche ich Zuckerguss auf zwei Kanten des Dominosteins sowie auf die obere und untere Kante der beiden anderen Kekse.

2 Schreibe das Rezept auf ein Schmuckblatt.

3 Stelle ein Butterkekshaus her. Verschenke es mit dem Rezept.

Weihnachten: Feste in anderen Ländern

  1 Wie feiert ihr Weihnachten? Erzählt.

  2 Schaut euch die Bilder an und lest die Texte. Was findet ihr besonders schön? Begründet.

Wenn am 24. Dezember der erste Stern am Himmel zu sehen ist, beginnt in Polen der Heilige Abend. Zuerst bricht sich jedes Familienmitglied ein Stück Oblate ab und teilt es mit den anderen. Dabei spricht man sich gegenseitig gute Wünsche aus. Das Abendessen besteht aus 12 Gerichten. Das Hauptgericht ist Karpfen. Eine Fischschuppe oder Gräte in der Geldbörse soll Glück und Wohlstand bringen. Um Mitternacht gehen alle in die Kirche.

Die schwedische Weihnachtszeit beginnt mit dem ersten Advent und endet erst am 13. Januar. Am 13. Dezember wird das Luciafest gefeiert. An diesem Tag darf sich die älteste Tochter als Heilige Lucia verkleiden. Sie trägt ein weißes Kleid, ein rotes Band und einen Kranz mit Kerzen auf dem Kopf. Dann weckt sie alle Familienmitglieder und bringt ihren Eltern das Frühstück ans Bett. Am Abend findet meist ein Festzug statt, der in der Kirche endet.

  3 Sucht euch ein Land aus. Findet heraus, ob dort auch Weihnachten oder ein anderes Fest gefeiert wird. Erstellt ein Plakat mit Texten und Bildern.

Frühling:
Geschichten und Gedichte schreiben

1 Schaut euch das Bild an. Wer tut was? Beschreibt genau.

2 Was machen die Kinder im Bild aus Aufgabe 1 im Frühling? Erstelle eine Mindmap. Schreibe so:

3 Markiere oder ergänze in der Mindmap aus Aufgabe 2, was du gerne im Frühling machst.

4 Schreibe mithilfe deiner Mindmap eine Geschichte oder ein Gedicht über den Frühling.

Ein Akrostichon oder ein Elfchen?

5 Schreibe deinen Frühlingstext auf ein Schmuckblatt. Bindet eure Schmuckblätter zu einem Frühlingsbuch.

Frühling: Ein Haiku schreiben

1 Lies die beiden Gedichte. Wovon handeln sie? Male dazu.

> Duftende Blüten
> Vogelzwitschern wunderbar
> Endlich ist er da

> Verwandlung geschafft
> Bunte Flügel ausgestreckt
> Auf zur Blumenpracht

2 Schreibe die Gedichte aus Aufgabe 1 ab. Setze Silbenbögen unter jedes Wort. Zähle die Zeilen und die Silben. Was stellst du fest?

> Ein **Haiku** besteht aus **drei Zeilen** mit nur **17 Silben**:
>
> Frühling kommt ins Land — 5 Silben in der ersten Zeile
> Endlich raus in den Garten — 7 Silben in der zweiten Zeile
> Kinder freuen sich — 5 Silben in der dritten Zeile

3 Wie verändert sich die Natur im Frühling?
Erstelle eine Mindmap. Schreibe so:

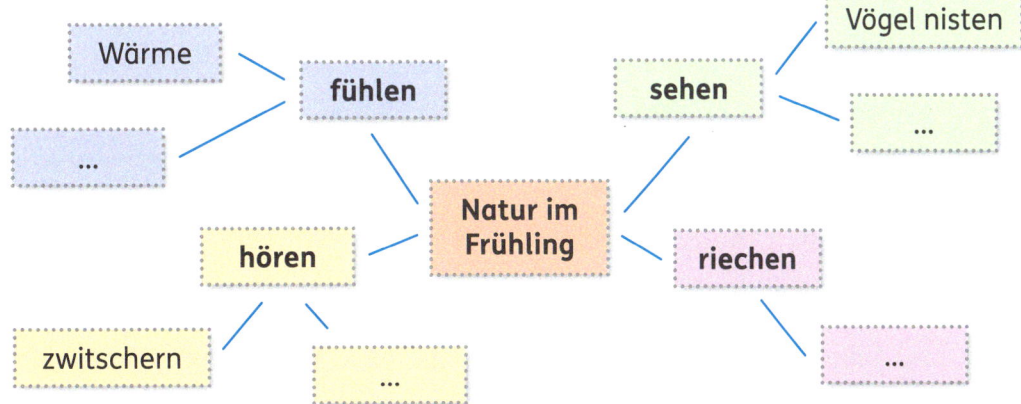

4 Setze in der Mindmap aus Aufgabe 3 Silbenbögen unter jedes Wort.

5 Schreibe mithilfe deiner Mindmap ein Haiku über den Frühling.

Sommer: Geschichte und Gedicht

1 Beschreibt, was ihr auf den Bildern seht.
Was könnten die Personen denken, fühlen oder sagen?

2 Schreibe die Bildergeschichte aus Aufgabe 1 zu Ende.

3 Lest das Gedicht. Erklärt, wovon es handelt.

Urlaubsfahrt

koffer koffer kindertragen
flaschen taschen puppenwagen
papa mama koffer kinder
autokarte notblinklichter

frühgeweckt frühstück raus
winke winke schlüssel haus
autobahnen autoschlange
kinderplappern mama bange

schlange kriechen sonne heiß
stinken staub benzin und schweiß
stockung hunger mama brote
papa skatspiel radio: tote

schlafen schimpfen hupen schwitzen
weiterfahren weitersitzen
müde mitternacht hotel pension
dreißigtausend warten schon

Hans A. Halbey

4 Übt das Gedicht betont vorzutragen.

Sommer: Einen Comic zeichnen

1 Lest den Comic. Sammelt Ideen, wie er weitergehen könnte.

Nikos Ferienerlebnis

Jetzt mache ich ein Nickerchen.

Zzzz...

Oh je! Was soll ich bloß machen?

Hilfe!

2 Zeichne den Comic auf einem großen weißen Blatt zu Ende.

3 Schreibe in den Sommerferien an deine Klasse. Berichte, was du gemacht hast.
Nach den Sommerferien könnt ihr eure Post gemeinsam lesen.

→ AH S. 80   → AH F+I S. 55

Fachbegriffe

Wortarten

Nomen → SB S. 11, 13

Nomen (Namenwörter, Substantive) bezeichnen Menschen, Tiere, Pflanzen oder Dinge. Wörter, die **Gefühle** bezeichnen, sind auch **Nomen**.
Ich schreibe sie groß: das Glück, die Angst, der Neid.

Personalpronomen → SB S. 76

Die Wörter **ich**, **du**, **er/sie/es**, **wir**, **ihr**, **sie** sind **Personalpronomen**.
Einige Pronomen können Nomen (Substantive) ersetzen:
Emma sammelt **Schmetterlingsbücher**. **Sie** sammelt **sie**.

Verben → SB S. 22, 42/43, 107

Wörter, die sagen, was Personen, Tiere, Pflanzen und Dinge tun, heißen **Verben** (Tunwörter). Verben können in der Grundform: **spielen**
und in der Personalform stehen:
ich spiel**e**, **du** spiel**st**, **er/sie/es** spiel**t**, **wir** spiel**en**, **ihr** spiel**t**, **sie** spiel**en**.

Verben geben an, in welcher Zeit etwas geschieht.
Passiert etwas jetzt, steht das Verb im **Präsens**: ich **lerne**, ich **laufe**.
Passierte etwas vor längerer Zeit, steht das Verb im **Präteritum** oder **Perfekt**.
Das **Präteritum** (1. Vergangenheit) verwende ich meist, wenn etwas schriftlich berichtet wird: ich **lernte**, ich **lief**.
Das **Perfekt** (2. Vergangenheit) benutze ich oft beim mündlichen Erzählen eines Erlebnisses. Es wird mit den Hilfsverben „haben" oder „sein" gebildet: ich **habe gelernt**, ich **bin gelaufen**.

Adjektive → SB S. 55–57

Adjektive (Wiewörter) beschreiben, wie etwas ist oder aussieht.

Adjektive kann ich **steigern**. Es gibt drei **Vergleichsstufen**:

2. Vergleichsstufe: **am** schön**sten**
1. Vergleichsstufe: schön**er**
Grundstufe: schön

Mit Adjektiven kann ich **vergleichen**:
Wenn etwas **gleich** ist, wird es mit den Vergleichswörtern **so ... wie** beschrieben. Ich verwende die **Grundstufe**: Niko ist **so** alt **wie** Hugo.
Wenn etwas **unterschiedlich** ist, wird es mit dem Vergleichswort **als** beschrieben. Ich verwende die **1. Vergleichsstufe**: Hugo ist schneller **als** Niko.

Wortbausteine

Wortbaustein -in → SB S. 44

Namen für Berufe sind Nomen (Substantive). Es gibt weibliche und männliche **Berufsnamen**. Die **weibliche Form** erkenne ich meist an dem Wortbaustein **-in**: der Lehrer – die Lehrer**in**.

Zusammengesetzte Nomen → SB S. 14, 24, 102

Zusammengesetzte Nomen (Substantive) setzen sich aus einem Bestimmungswort und einem Grundwort zusammen:
das Spiel + die Kiste → die Spielkiste.
Der Artikel richtet sich immer nach dem Grundwort.
Manchmal werden nach dem ersten Nomen ein oder zwei Buchstaben eingefügt (der Geburt**s**tag, der Klasse**n**rat) oder ein Buchstabe entfällt (die Schul~~e~~stunde).
Auch aus Verben und Nomen (Substantiven) kann ich **zusammengesetzte Nomen** bilden.
Das Verb wird zum Bestimmungswort, das Nomen zum Grundwort:
sprechen + das Zimmer → das Sprechzimmer.

Wortbausteine -ung, -nis, -heit, -keit → SB S. 25/26

Mit den Wortbausteinen **-ung, -nis, -heit, -keit** kann ich aus Verben und Adjektiven **Nomen** (Substantive) bilden:
reinigen – die **R**einig**ung**, **g**eheim – das **G**eheim**nis**, **f**rei – die **F**rei**heit**, **e**insam – die **E**insam**keit**.

Wortbausteine Vorsilben → SB S. 23

Vorsilben verändern die Bedeutung eines Verbs: lesen – **ver**lesen – **vor**lesen.

Wortbausteine für Adjektive → SB S. 58, 60, 103

Mit **-ig** und **-lich** kann ich aus Nomen (Substantiven) **Adjektive** bilden:
der Hunger – **h**ungr**ig**, der Freund – **f**reund**lich**.

Von vielen Adjektiven kann ich mit der Vorsilbe **un-** das **gegenteilige Adjektiv** bilden: beliebt – **un**beliebt.

Aus einem Nomen (Substantiv) und einem Adjektiv kann ich ein **zusammengesetztes Adjektiv** bilden:
das Bild + schön → **bildschön**.

Satzarten und Satzglieder

Satzarten und Satzschlusszeichen → SB S. 10

Am Satzanfang schreibe ich immer groß.
Es gibt verschiedene **Satzarten** und **Satzschlusszeichen**.
Am Ende eines **Fragesatzes** steht ein **Fragezeichen**: Wer putzt die Tafel**?**
Am Ende eines **Aussagesatzes** steht ein **Punkt**: Ole putzt die Tafel**.**
Nach einem **Ausrufe- oder Aufforderungssatz** steht
ein **Ausrufezeichen**: Putzt die Tafel**!** Toll**!**

Wörtliche Rede → SB S. 54

Was jemand sagt, heißt wörtliche Rede. Die wörtliche Rede steht zwischen
Anführungszeichen. Ein Begleitsatz sagt mir, wer etwas spricht.
Am Ende des Begleitsatzes steht ein **Doppelpunkt**:
Der Esel sagt: „Ich bekomme kein Futter."

Satzglieder → SB S. 74, 77, 90/91, 106

Ein Satz besteht aus mehreren Teilen. Diese Teile heißen **Satzglieder**.
Ein Satzglied hat ein oder mehrere Wörter. Satzglieder kann ich umstellen,
die Wörter innerhalb eines Satzgliedes nicht:
Am Wegesrand | entdeckt | Ali | einen Schmetterling.
Entdeckt | Ali | einen Schmetterling | am Wegesrand?

Das **Subjekt** (Satzgegenstand) ist ein Satzglied.
Subjekte sind oft **Nomen** (Substantive) oder **Pronomen**.
Ich bestimme das Subjekt mit der Frage: **Wer oder was** tut etwas?
Der Forscher untersucht Schmetterlinge. **Er** erforscht sie.

Das **Prädikat** (Satzaussage) ist ein Satzglied. Es ist immer ein **Verb**.
Ich bestimme das Prädikat mit den Fragen: **Was tut jemand? Was geschieht?**
Der Forscher **untersucht** Schmetterlinge.
Ein Prädikat kann auch aus zwei Teilen bestehen:
Noriko **spielt** ein Klavierstück **vor**. – **vorspielen**

Die **Zeit** bestimme ich mit den Fragen: **Wann**? **Wie lange**? oder **Wie oft**?
Die Krötenwanderung findet **einmal im Jahr** statt.

Den **Ort** bestimme ich mit den Fragen: **Wo**? **Wohin**? oder **Woher**?
Die Kröten legen ihre Eier **im Wasser** ab.

Richtig schreiben

Wortstamm → SB S. 27

Wörter mit gleichem oder ähnlichem Wortstamm gehören zu einer **Wortfamilie**. Der ⬚Wortstamm⬚ kann mir helfen, alle Wörter einer Wortfamilie richtig zu schreiben: ⬚stell⬚en, be⬚stell⬚en, Be⬚stell⬚ung, ⬚Stell⬚e.

Groß oder klein? → SB S. 10/11, 13/14, 24–26, 102, 111

Nomen (Substantive) schreibe ich **groß**. Vor Nomen kann ich einen bestimmten (der, die, das) oder unbestimmten (ein, eine) Artikel setzen. Auch **Satzanfänge** schreibe ich **groß**.

Ableiten → SB S. 72

Die meisten Wörtern mit **ä** und **äu** kann ich von verwandten Wörtern mit **a** und **au ableiten**: w**ä**rmer – w**a**rm, Str**äu**cher – Str**au**ch.

Schwingen → SB S. 29

Auf einen kurz gesprochenen Selbstlaut folgen meist zwei Mitlaute. Wenn ich nur einen Mitlaut höre, wird er verdoppelt:
das Zim mer, die But ter.

Verlängern → SB S. 59, 128/129

Wenn ich nicht weiß, ob am Wortende **b** oder **p**, **d** oder **t**, **g** oder **k** geschrieben wird, **verlängere** ich das Wort.
Bei **Adjektiven** bilde ich eine **Wortgruppe**: wil**d/t** → ein wil**d**es Tier → also: wil**d**.
        oder **steigere** sie: wil**d/t** → wil**d**er – am wil**d**esten → also: wil**d**.
Bei **Nomen** bilde ich die **Mehrzahl**: der Kor**b/p** → die Kör**b**e → also: Kor**b**.
Bei **Verben** bilde ich die **Grundform**: er le**b/p**t → le**b**en → also: le**b**t.

Schwingen und Verlängern → SB S. 71

Treffen bei Wörtern mit zwei Silben zwei Selbstlaute aufeinander, schreibe ich fast immer ein **h** dazwischen: se-**h**en, glü-**h**en.
Manche Wörter muss ich **verlängern** und **in Silben sprechen**, um das **h** zu hören: blüht – blü **h**en, Reh – Re **h**e, froh – fro **h**es.

Eine Geschichte planen und schreiben

 Seht euch die Bilder an. Was passiert in der Geschichte? Wie könnte sie zu Ende gehen?

 Plane deine Geschichte.
Schreibe dazu den Stichwortzettel unten auf und ergänze ihn durch deine Ideen. **Oder:**
Schreibe die Mindmap von Seite 149 auf und ergänze sie durch deine Ideen.

Einleitung	Hauptteil	Schluss
Wer? Noriko mit ihren Eltern Wo? im Zoo Wann? an Norikos Geburtstag	Was passiert? – Familie geht zum Pinguingehege – Überraschung für Noriko – Geburtstagskind darf Pinguine füttern – Noriko stellt Rucksack ab – ... ☁ ... ♥ ... 💬 ...	Wie endet die Geschichte? – ...
Überschrift:		

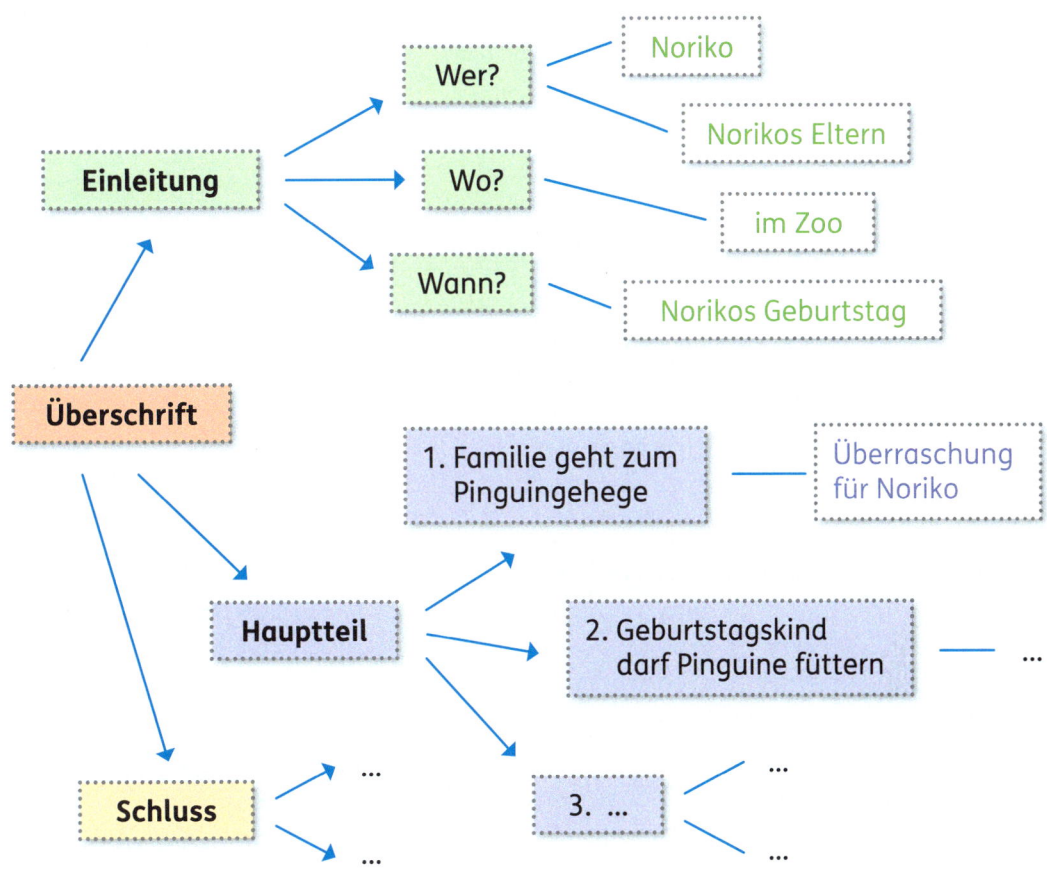

 **3** Schreibe die Geschichte mithilfe deiner Planung aus Aufgabe 2 auf.

So schreibe ich eine **Geschichte**:		
Die **Einleitung** führt in die Geschichte ein: – **Wer** kommt darin vor? – **Wo** spielt die Geschichte? – **Wann** spielt die Geschichte?	Im **Hauptteil** wird in der richtigen Reihenfolge erzählt, **was** passiert: – Was tun, denken, fühlen oder sprechen die Hauptfiguren? – Oft gibt es eine spannende, lustige oder traurige Stelle.	Am **Schluss** wird die Geschichte beendet: – Das Ende kann auch überraschend oder offen sein.
Ich finde eine **Überschrift**, die neugierig macht.		

4 Plane eine eigene Geschichte. Schreibe sie auf.

Eine Geschichte überarbeiten

 1 Lies die Vorschläge. Schreibe den verbesserten Text auf.

Norikos Geburtstagsüberraschung
~~Besuch im Zoo~~

besucht mit ihren Eltern
Noriko ~~geht in~~ den Zoo.
Heute ist ihr Geburtstag.

Zuerst
~~Vorher~~ isst Noriko ~~noch~~ ein Eis.

Sie   anschließend
~~Noriko~~ geht zum Pinguingehege.

Dort
~~Dann~~ darf Noriko die Pinguine füttern.

Sie
~~Dann~~ stellt ~~sie~~ ihren Rucksack ab.

D   sie
~~Und~~ ~~d~~ann bekommt ~~Noriko~~ einen

Noriko ist ganz aufgeregt.
Eimer mit Fischen.

→ **Überschrift**, die neugierig macht

→ Einleitung: Werden die Fragen **Wer? Wo? Wann?** beantwortet?

→ Wird die Geschichte in der **richtigen Reihenfolge** erzählt?

→ **Ersetzen**: Unterschiedliche Satzanfänge?

→ **Umstellen**: Sind die Satzglieder so gestellt, dass die Sätze interessant klingen?

→ Denken, fühlen oder sprechen die Hauptfiguren?

 2 Überarbeitet eure Geschichten in einer Schreibkonferenz.

So überarbeite ich Texte rechtschriftlich:

- **Schwingen:** To ma te
- **Ableiten:** Bäume → Baum
- **Merkwörter**
- **Verlängern:** Berg → Berge
- **Groß oder klein?**

 Wenn ich ein Wort nicht weiß, schlage ich im Wörterbuch nach.

Einen Erlebnisbericht planen und schreiben

  1 Erklärt den Aufbau des Erlebnisberichts.

Ausflug in den Kletterwald

Gestern besuchten mein Freund Hugo und ich einen Kletterwald. Als erstes zeigte uns ein Trainer, wie wir den Helm aufsetzen und die Sicherheitsgurte richtig anlegen. Das war gar nicht so einfach. Danach erklärte er uns die Sicherheitsregeln. Hugo und ich passten gut auf. Endlich durften wir losklettern. Zuerst hatte ich ein bisschen Angst, aber nach einer Weile klappte es immer besser. ...

Niko

Wann fand das Erlebnis statt?

Wo fand das Erlebnis statt?

Wer war dabei?

Was passierte an diesem Tag?

Gefühle und **Meinungen**

  2 Plane deinen eigenen Erlebnisbericht. Schreibe Stichwortkarten oder erstelle eine Mindmap zu diesen Erlebnissen:

> Klassenfest   Sportturnier   Abenteuer mit Freunden

 **3** Schreibe mithilfe deiner Planung aus Aufgabe 2 deinen Erlebnisbericht.

So schreibe ich einen **Erlebnisbericht**:
– Ich schreibe eine Einleitung, in der die **W**-Fragen: **Wann**? **Wo**? und **Wer**? beantwortet werden.
– Ich berichte lückenlos und verständlich, **was** ich erlebt habe.
– Ich schreibe im Präteritum.
– Ich teile kurz meine Gefühle und Meinungen mit.
– Ich wähle zum Schluss eine passende Überschrift.

Einen Sachtext planen und schreiben

> Ein **Stichwort** ist ein Wort oder eine Wortgruppe, kein Satz.
> Stichwörter fassen die wichtigsten Informationen zusammen.

1 Lest Alis Mindmap zum Tyrannosaurus. Klärt unbekannte Stichwörter.

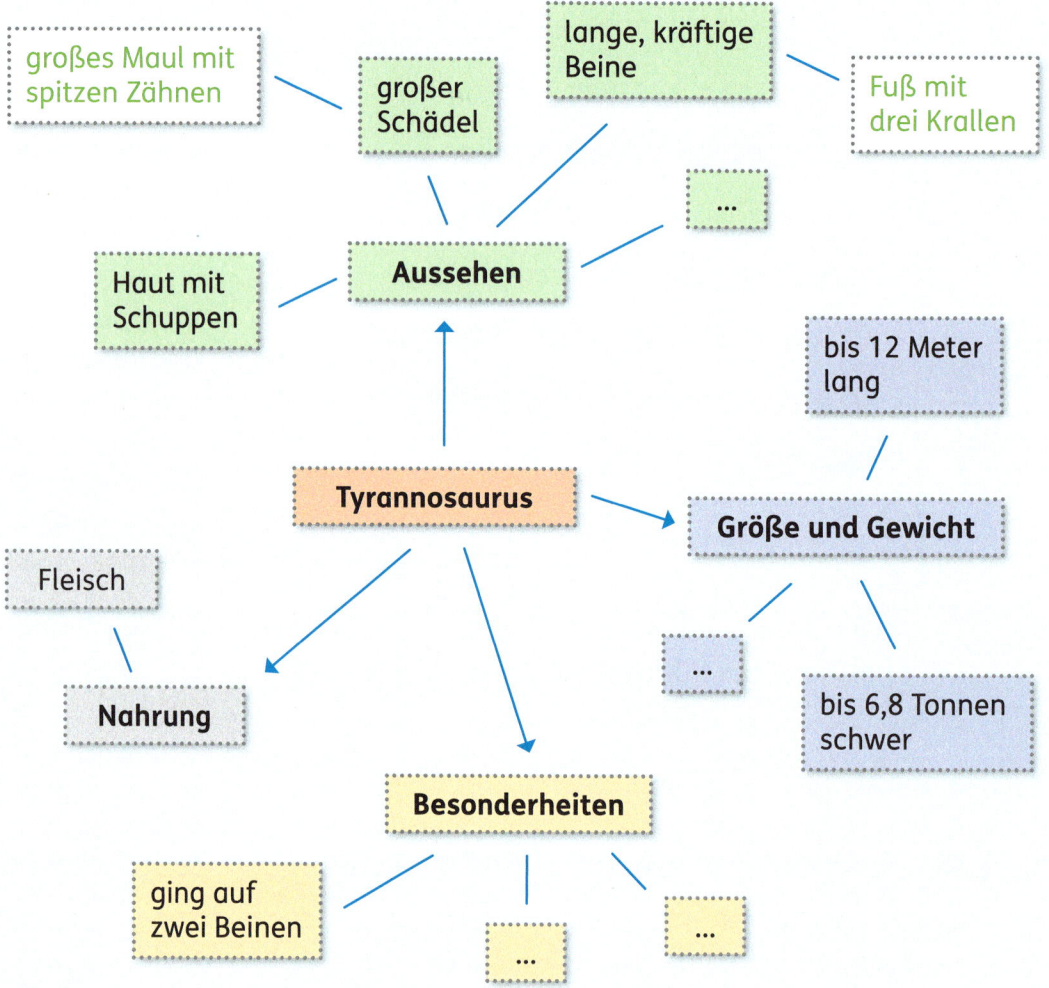

2 Recherchiere zum Tyrannosaurus.
Schreibe Alis Mindmap auf und ergänze sie.

3 Erzähle einem Partner mithilfe deiner Mindmap,
was du über den Tyrannosaurus weißt.

Schreibe Alis Sachtext zum Tyrannosaurus ab.

> ### Der Tyrannosaurus
>
> <u>Aussehen</u>
>
> Der Tyrannosaurus hatte einen großen Schädel.
> Sein riesiges Maul hatte viele spitze Zähne.
> Er besaß lange, kräftige Beine mit
> drei Krallen an jedem Fuß.
> Seine Haut war ...

  Schreibe den Sachtext aus Aufgabe 4 mithilfe deiner Mindmap weiter.

> Ein **Sachtext** soll den Leser über ein Thema informieren.
> Ich schreibe ihn sachlich und verständlich. Dabei achte ich darauf, meine eigene Meinung und meine Erfahrungen nicht mit einzubringen.
>
> So schreibe ich einen **Sachtext**:
> – Ich wähle eine Überschrift, die das Thema des Textes nennt.
> – Ich gliedere meinen Text in einzelne Abschnitte und wähle passende Zwischenüberschriften.
> – Ich füge interessante Fotos ein.

Ich interessiere mich für Tiger.

  Suche dir ein Tier aus, das dich interessiert und recherchiere dazu. Erstelle eine Mindmap zu deinem Thema.

  Schreibe einen Sachtext mithilfe deiner Mindmap.

Einen Sachtext überarbeiten

  Lies die Hinweise aus der Schreibkonferenz. Schreibe den verbesserten Sachtext auf.

> ! **Ponys**
> ! *Ich mag Shetlandponys sehr gerne.*
>
> **Aussehen und Größe**
>
> R *Shetlandponys sind klein und kräftik.*
> Wh *Shetlandponys werden nur ca. 1 Meter groß.*
> Wh Aa? R *Shetlandponys haben einen recht großen kopf mit breiter Stirn.*
> Wh Aa? R *Shetlandponys haben kleine ohren und große Nüstern.*
> ⚡ R Aa? R *Mähne und Schweif bestehen aus kreftigem, Dichten Langhaar.*
>
> **Einsatz früher und heute**
>
> Aa? R *Shetlandponys wurden früher in Großbritannien als Grubenpferde im Bergbau eingesetzt. heute sind sie als*
> R *Reitponys oder als Zukpferde für Kutschen beliebt.*

  Überarbeitet deinen Sachtext von Seite 153 in einer Schreibkonferenz.

In einer **Schreibkonferenz** zu Sachtexten achtet ihr **inhaltlich** darauf, ob:
– die Überschrift das Thema nennt,
– der Sachtext verständlich und sachlich formuliert ist,
– es passende Zwischenüberschriften und Fotos gibt.
Außerdem achtet ihr **sprachlich** darauf, dass:
– Pronomen für Nomen eingesetzt wurden,
– die Satzglieder so gestellt sind,
  dass die Sätze interessant klingen.
Zum Schluss überprüft ihr, ob:
– alle Wörter richtig geschrieben sind.

Bestimmt einen Experten für jeden Punkt.

Personenbeschreibung

  Lest die Personenbeschreibung. Welcher Junge ist Paul Müller?

Vorname und Name:	Das Kind heißt Paul Müller.
Geschlecht und Alter:	Der Junge ist acht Jahre alt.
Körperbau und Größe:	Paul ist 135 cm groß und kräftig gebaut.
Gesicht und Kopf:	Sein Gesicht ist rundlich. Paul hat wuschelige, blonde Haare und große, blaue Augen. Seine Nase ist eher klein und rund. Seine Lippen sind schmal.
Kleidung:	Paul trägt einen roten Pullover mit einem Fußball-Aufdruck, blaue Jeans mit roten Knieflicken und rote Turnschuhe.
Besonderheiten:	Er trägt eine dunkelblaue Brille und hat eine kleine Narbe am Kinn. Paul ist ein guter Torwart.

Lost aus, wer welches Kind beschreibt.

  Beschreibe deinem Partner einen der beiden anderen Jungen.

  Beschreibe ein Kind aus deiner Klasse genau. Die anderen Kinder sollen es erraten.

Wörterliste

A a

der **Abend**, die Aben|de
ähn|lich, ähn|li|cher, am ähn|lichs|ten
alt, äl|ter, am äl|tes|ten
der **An|fang**, die An|fän|ge
die **Angst**, die Ängs|te
ängst|lich, ängst|li|cher, am ängst|lichs|ten
die **Ap|fel|si|ne**, die Ap|fel|si|nen
die **Ar|beit**, die Ar|bei|ten
ar|bei|ten, er ar|bei|tet, er ar|bei|te|te, er hat ge|ar|bei|tet
der **Är|ger**
är|ger|lich, är|ger|li|cher, am är|ger|lichs|ten
är|gern, ich är|ge|re mich, ich är|ger|te mich, ich ha|be mich ge|är|gert
der **Arzt**, die Ärz|te
die **Ärz|tin**, die Ärz|tin|nen
der **Ast**, die Äs|te
die **Auf|ga|be**, die Auf|ga|ben
auf|merk|sam, auf|merk|sa|mer, am auf|merk|sams|ten
die **Auf|merk|sam|keit**, die Auf|merk|sam|kei|ten
auf|pas|sen, er passt auf, er pass|te auf, er hat auf|ge|passt
auf|räu|men, ich räu|me auf, ich räum|te auf, ich ha|be auf|ge|räumt
au|ßen

B b

ba|cken, er bäckt, er back|te, er hat ge|ba|cken
der **Bä|cker**, die Bä|cker
die **Bä|cke|rin**, die Bä|cke|rin|nen
das **Bad**, die Bä|der
ba|den, sie ba|det, sie ba|de|te, sie hat ge|ba|det
die **Bahn**, die Bah|nen
der **Ball**, die Bäl|le
die **Ba|na|ne**, die Ba|na|nen
das **Band**, die Bän|der
die **Bank**, die Bän|ke
der **Bauch**, die Bäu|che
der **Bau|er**, die Bau|ern
der **Baum**, die Bäu|me
die **Bee|re**, die Bee|ren
das **Beet**, die Bee|te
be|gin|nen, es be|ginnt, es be|gann, es hat be|gon|nen
bei|ßen, sie beißt, sie biss, sie hat ge|bis|sen
das **Bei|spiel**, die Bei|spie|le
be|loh|nen, sie be|lohnt, sie be|lohn|te, sie hat be|lohnt
die **Be|loh|nung**, die Be|loh|nun|gen
das **Ben|zin**
be|ob|ach|ten, ich be|ob|ach|te, ich be|ob|ach|te|te, ich ha|be be|ob|ach|tet
be|quem, be|que|mer, am be|quems|ten
der **Berg**, die Ber|ge
der **Be|richt**, die Be|rich|te
be|rich|ten, er be|rich|tet, er be|rich|te|te, er hat be|rich|tet
der **Be|ruf**, die Be|ru|fe
die **Be|stäu|bung**, die Be|stäu|bun|gen
be|stim|men, sie be|stimmt, sie be|stimm|te, sie hat be|stimmt
be|su|chen, ihr be|sucht, ihr be|such|tet, ihr habt be|sucht
das **Bett**, die Bet|ten
be|vor
be|wa|chen, er be|wacht, er be|wach|te, er hat be|wacht
be|we|gen, es be|wegt sich, es be|weg|te sich, es hat sich be|wegt
be|zah|len, sie be|zahlt, sie be|zahl|te, sie hat be|zahlt
die **Bi|bel**, die Bi|beln
der **Bi|ber**, die Bi|ber
die **Bie|ne**, die Bie|nen
das **Bild**, die Bil|der
biss|chen
bit|ten, ihr bit|tet, ihr ba|tet, ihr habt ge|be|ten
bla|sen, er bläst, er blies, er hat ge|bla|sen
das **Blatt**, die Blät|ter
blei|ben, er bleibt, er blieb, er ist ge|blie|ben
der **Blick**, die Bli|cke
blin|ken, es blinkt, es blink|te, es hat ge|blinkt
der **Blitz**, die Blit|ze
blit|zen, es blitzt, es blitz|te, es hat ge|blitzt
blond, blon|der, am blon|des|ten
bloß
blü|hen, sie blüht, sie blüh|te, sie hat ge|blüht
die **Blu|me**, die Blu|men
die **Blü|te**, die Blü|ten
der **Bo|den**, die Bö|den
boh|ren, sie bohrt, sie bohr|te, sie hat ge|bohrt
das **Boot**, die Boo|te
der **Brand**, die Brän|de
brav, bra|ver, am bravs|ten
bren|nen, es brennt, es brann|te, es hat ge|brannt
der **Brief**, die Brie|fe

die **Bril|le**, die Bril|len
brin|gen, er bringt, er brach|te, er hat ge|bracht
das **Brot**, die Bro|te
die **Brü|cke**, die Brü|cken
brum|men, sie brummt, sie brumm|te, sie hat ge|brummt
das **Buch**, die Bü|cher
bunt, bun|ter, am bun|tes|ten
die **Burg**, die Bur|gen
der **Bus**, die Bus|se

C c

das **Cha|os**
der **Clown**, die Clowns
der **Co|mic**, die Co|mics
der **Com|pu|ter**, die Com|pu|ter

D d

dann
das **Da|tum**, die Da|ten
die **De|cke**, die De|cken
de|cken, sie deckt, sie deck|te, sie hat ge|deckt
den|ken, ich den|ke, ich dach|te, ich ha|be ge|dacht
denn
dick, di|cker, am dicks|ten
der **Dieb**, die Die|be
der **Don|ner**, die Don|ner
der **Draht**, die Dräh|te
drau|ßen
der **Dreck**
dre|ckig, dre|cki|ger, am dre|ckigs|ten
dre|hen, sie dreht, sie dreh|te, sie hat ge|dreht
dro|hen, er droht, er droh|te, er hat ge|droht
drü|cken, er drückt, er drück|te, er hat ge|drückt

dumm, düm|mer, am dümms|ten
die **Dumm|heit**, die Dumm|hei|ten
dun|kel, dunk|ler, am dun|kels|ten
dünn, dün|ner, am dünns|ten
der **Durst**
durs|tig, durs|ti|ger, am durs|tigs|ten

E e

die **Ecke**, die Ecken
eckig, ecki|ger, am eckigs|ten
ehr|lich, ehr|li|cher, am ehr|lichs|ten
die **Ehr|lich|keit**
das **Ei**, die Ei|er
das **Eis**
ei|sig, ei|si|ger, am ei|sigs|ten
der **Ele|fant**, die Ele|fan|ten
die **E-Mail**, die E-Mails
eng, en|ger, am engs|ten
ent|de|cken, ich ent|de|cke, ich ent|deck|te, ich ha|be ent|deckt
die **Er|de**
er|klä|ren, ich er|klä|re, ich er|klär|te, ich ha|be er|klärt
er|lau|ben, er er|laubt, er er|laub|te, er hat er|laubt
die **Er|laub|nis**, die Er|laub|nis|se
er|le|ben, sie er|lebt, sie er|leb|te, sie hat er|lebt
das **Er|leb|nis**, die Er|leb|nis|se
er|zäh|len, ihr er|zählt, ihr er|zähl|tet, ihr habt er|zählt

die **Er|zäh|lung**, die Er|zäh|lun|gen
der **Esel**, die Esel
es|sen, er isst, er aß, er hat ge|ges|sen
das **Eu|ro|pa**

F f

die **Fah|ne**, die Fah|nen
fah|ren, sie fährt, sie fuhr, sie ist ge|fah|ren
das **Fahr|rad**, die Fahr|rä|der
fal|len, es fällt, es fiel, es ist ge|fal|len
die **Fa|mi|lie**, die Fa|mi|li|en
fan|gen, er fängt, er fing, er hat ge|fan|gen
die **Far|be**, die Far|ben
fär|ben, er färbt, er färb|te, er hat ge|färbt
far|big, far|bi|ger, am far|bigs|ten
die **Fee**, die Fe|en
feh|len, du fehlst, du fehl|test, du hast ge|fehlt
der **Feh|ler**, die Feh|ler
das **Feld**, die Fel|der
die **Fe|ri|en**
fern|se|hen, du siehst fern, du sahst fern, du hast fern|ge|se|hen
fett, fet|ter, am fet|tes|ten
fet|tig, fet|ti|ger, am fet|tigs|ten
feucht, feuch|ter, am feuch|tes|ten
das **Feu|er**, die Feu|er
die **Fi|bel**, die Fi|beln
der **Fleiß**
flei|ßig, flei|ßi|ger, am flei|ßigs|ten
flie|gen, er fliegt, er flog, er ist ge|flo|gen

flie|hen, ich flie|he, ich floh, ich bin ge|flo|hen
flie|ßen, es fließt, es floss, es ist ge|flos|sen
das **Floß**, die Flö|ße
der **Flü|gel**, die Flü|gel
das **Flug|zeug**, die Flug|zeu|ge
der **Fluss**, die Flüs|se
flüs|sig, flüs|si|ger, am flüs|sigs|ten
der **For|scher**, die For|scher
das **Fo|to**, die Fo|tos
fra|gen, sie fragt, sie frag|te, sie hat ge|fragt
die **Frei|heit**, die Frei|hei|ten
fres|sen, es frisst, es fraß, es hat ge|fres|sen
die **Freu|de**, die Freu|den
freu|en, du freust dich, du freu|test dich, du hast dich ge|freut
der **Freund**, die Freun|de
die **Freun|din**, die Freun|din|nen
freund|lich, freund|li|cher, am freund|lichs|ten
der **Frie|den**
fried|lich, fried|li|cher, am fried|lichs|ten
frie|ren, ich frie|re, ich fror, ich ha|be ge|fro|ren
froh, fro|her, am frohs|ten
fröh|lich, fröh|li|cher, am fröh|lichs|ten
der **Frosch**, die Frö|sche
die **Frucht**, die Früch|te
früh, frü|her, am frühs|ten
füh|len, er fühlt, er fühl|te, er hat ge|fühlt
füh|ren, sie führt, sie führ|te, sie hat ge|führt
der **Fuß**, die Fü|ße
der **Fuß|ball**, die Fuß|bäl|le
füt|tern, sie füt|tert, sie füt|ter|te, sie hat ge|füt|tert

G g

gäh|nen, er gähnt, er gähn|te, er hat ge|gähnt
der **Gar|ten**, die Gär|ten
das **Ge|bäu|de**, die Ge|bäu|de
ge|ben, sie gibt, sie gab, sie hat ge|ge|ben
das **Ge|biet**, die Ge|bie|te
der **Ge|burts|tag**, die Ge|burts|ta|ge
die **Ge|fahr**, die Ge|fah|ren
ge|fähr|lich, ge|fähr|li|cher, am ge|fähr|lichs|ten
ge|hen, er geht, er ging, er ist ge|gan|gen
gelb
das **Geld**, die Gel|der
das **Ge|rät**, die Ge|rä|te
ge|sund, ge|sün|der, am ge|sün|des|ten
das **Ge|wächs**, die Ge|wäch|se
das **Ge|weih**, die Ge|wei|he
das **Ge|wit|ter**, die Ge|wit|ter
das **Ge|würz**, die Ge|wür|ze
gie|ßen, sie gießt, sie goss, sie hat ge|gos|sen
die **Gieß|kan|ne**, die Gieß|kan|nen
der **Glanz**
glän|zen, es glänzt, es glänz|te, es hat ge|glänzt
das **Glück**
glück|lich, glück|li|cher, am glück|lichs|ten
glü|hen, es glüht, es glüh|te, es hat ge|glüht
das **Gras**, die Grä|ser
groß, grö|ßer, am größ|ten
die **Grö|ße**, die Grö|ßen
die **Groß|el|tern**
der **Grund**, die Grün|de
die **Grup|pe**, die Grup|pen
gru|se|lig, gru|se|li|ger, am gru|se|ligs|ten
der **Gruß**, die Grü|ße
die **Gur|ke**, die Gur|ken
gut, bes|ser, am bes|ten

H h

das **Haar**, die Haa|re
der **Hahn**, die Häh|ne
hal|ten, er hält, er hielt, er hat ge|hal|ten
die **Hand**, die Hän|de
das **Han|dy**, die Han|dys
hän|gen, es hängt, es hing, es hat ge|han|gen
hart, här|ter, am här|tes|ten
has|tig, has|ti|ger, am has|tigs|ten
das **Haus**, die Häu|ser
he|ben, er hebt, er hob, er hat ge|ho|ben
die **He|cke**, die He|cken
das **Heft**, die Hef|te
heiß, hei|ßer, am hei|ßes|ten
hei|ßen, er heißt, er hieß, er hat ge|hei|ßen
hei|zen, ihr heizt, ihr heiz|tet, ihr habt ge|heizt
die **Hei|zung**, die Hei|zun|gen
hell, hel|ler, am hells|ten
das **Hemd**, die Hem|den
herr|lich, herr|li|cher, am herr|lichs|ten
das **Herz**, die Her|zen
herz|lich, herz|li|cher, am herz|lichs|ten
der **Him|mel**, die Him|mel
die **Hit|ze**
das **Hob|by**, die Hob|bys
die **Hö|he**, die Hö|hen
das **Holz**, die Höl|zer
der **Ho|nig**, die Ho|ni|ge
hübsch, hüb|scher, am hüb|sches|ten
der **Hund**, die Hun|de
der **Hun|ger**

hung|rig, hung|ri|ger, am hung|rigs|ten
hu|pen, er hupt, er hup|te, er hat ge|hupt

I i

ihm
ihn, ih|nen
ihr, ih|re, ih|ren
im
der **Im|ker**, die Im|ker
in
die **In|for|ma|ti|on**, die In|for|ma|tio|nen
in|for|mie|ren, ich in|for|mie|re, ich in|for|mier|te, ich ha|be in|for|miert
der **In|line|skate**, die In|line|skates
das **In|sekt**, die In|sek|ten
in|ter|es|sant, in|ter|es|san|ter, am in|ter|es|san|tes|ten
das **In|ter|es|se**, die In|ter|es|sen
das **In|ter|view**, die In|ter|views

J j

die **Ja|cke**, die Ja|cken
ja|gen, sie jagt, sie jag|te, sie hat ge|jagt
der **Jä|ger**, die Jä|ger
das **Jahr**, die Jah|re
die **Jeans**, die Jeans
jung, jün|ger, am jüngs|ten
der **Jun|ge**, die Jun|gen

K k

der **Kä|fer**, die Kä|fer
der **Kä|fig**, die Kä|fi|ge
das **Kalb**, die Käl|ber
kalt, käl|ter, am käl|tes|ten

der **Ka|min**, die Ka|mi|ne
der **Kamm**, die Käm|me
die **Kan|ne**, die Kan|nen
die **Kar|tof|fel**, die Kar|tof|feln
die **Kas|ta|nie**, die Kas|ta|ni|en
die **Kat|ze**, die Kat|zen
die **Kaul|quap|pe**, die Kaul|quap|pen
ken|nen, sie kennt, sie kann|te, sie hat ge|kannt
die **Ker|ze**, die Ker|zen
das **Kind**, die Kin|der
die **Klas|se**, die Klas|sen
der **Klee**
das **Kleid**, die Klei|der
klein, klei|ner, am kleins|ten
klet|tern, sie klet|tert, sie klet|ter|te, sie ist ge|klet|tert
klop|fen, es klopft, es klopf|te, es hat ge|klopft
der **Kloß**, die Klö|ße
klug, klü|ger, am klügs|ten
knal|len, es knallt, es knall|te, es hat ge|knallt
die **Koh|le**, die Koh|len
kom|men, ich kom|me, ich kam, ich bin ge|kom|men
der **Kö|nig**, die Kö|ni|ge
die **Kö|ni|gin**, die Kö|ni|gin|nen
kön|nen, er kann, er konn|te, er hat ge|konnt
der **Kopf**, die Köp|fe
der **Korb**, die Kör|be
der **Kör|per**, die Kör|per
die **Kraft**, die Kräf|te
kräf|tig, kräf|ti|ger, am kräf|tigs|ten
krank, krän|ker, am kränks|ten
krat|zen, sie kratzt, sie kratz|te, sie hat ge|kratzt

krie|chen, es kriecht, es kroch, es ist ge|kro|chen
das **Kro|ko|dil**, die Kro|ko|di|le
die **Krö|te**, die Krö|ten
der **Ku|chen**, die Ku|chen
kühl, küh|ler, am kühls|ten
kurz, kür|zer, am kür|zes|ten
der **Kuss**, die Küs|se

L l

das **Land**, die Län|der
lang, län|ger, am längs|ten
lang|sam, lang|sa|mer, am lang|sams|ten
die **Lar|ve**, die Lar|ven
las|sen, er lässt, er ließ, er hat ge|las|sen
das **Laub**
lau|fen, sie läuft, sie lief, sie ist ge|lau|fen
laut, lau|ter, am lau|tes|ten
le|ben, es lebt, es leb|te, es hat ge|lebt
der **Le|bens|raum**, die Le|bens|räu|me
le|cken, ihr leckt, ihr leck|tet, ihr habt ge|leckt
le|cker, le|cke|rer, am le|ckers|ten
leer
le|gen, ihr legt, ihr leg|tet, ihr habt ge|legt
der **Leh|rer**, die Leh|rer
die **Leh|re|rin**, die Leh|re|rin|nen
ler|nen, du lernst, du lern|test, du hast ge|lernt
le|sen, er liest, er las, er hat ge|le|sen
letz|te, letz|ter
leuch|ten, es leuch|tet, es leuch|te|te, es hat ge|leuch|tet

das **Lid,** die Li|der
lieb, lie|ber, am liebs|ten
lie|ben, ich lie|be, ich
  lieb|te, ich ha|be ge|liebt
das **Lied,** die Lie|der
lie|gen, sie liegt, sie lag,
  sie hat ge|le|gen
der **Li|ter,** die Li|ter
der **Löf|fel,** die Löf|fel
die **Lü|cke,** die Lü|cken
lus|tig, lus|ti|ger,
  am lus|tigs|ten

M m

das **Mäd|chen,** die Mäd|chen
der **Mann,** die Män|ner
die **Mar|ga|ri|ne,**
  die Mar|ga|ri|nen
der **Markt,** die Märk|te
die **Ma|schi|ne,**
  die Ma|schi|nen
die **Maus,** die Mäu|se
das **Me|di|um,** die Me|di|en
das **Meer,** die Mee|re
das **Mehl,** die Meh|le
  mehr
mes|sen, er misst, er maß,
  er hat ge|mes|sen
das **Mes|ser,** die Mes|ser
die **Mit|te**
das **Moos,** die Moo|se
die **Müh|le,** die Müh|len
der **Mund,** die Mün|der
die **Mu|sik,** die Mu|si|ken
müs|sen, er muss, er
  muss|te, er hat ge|musst
der **Mut**
mu|tig, mu|ti|ger,
  am mu|tigs|ten
die **Mut|ter,** die Müt|ter
die **Müt|ze,** die Müt|zen

N n

der **Nach|mit|tag,**
  die Nach|mit|ta|ge
die **Nacht,** die Näch|te

nah, nä|her, am nächs|ten
die **Nä|he**
nä|hen, ich nä|he, ich
  näh|te, ich ha|be ge|näht
nass, nas|ser,
  am nas|ses|ten
die **Na|tur**
neh|men, sie nimmt,
  sie nahm,
  sie hat ge|nom|men
die **Num|mer,** die Num|mern
die **Nuss,** die Nüs|se
nütz|lich, nütz|li|cher,
  am nütz|lichs|ten

O o

öff|nen, du öff|nest,
  du öff|ne|test,
  du hast ge|öff|net
oh|ne
das **Ohr,** die Oh|ren
or|dent|lich,
  or|dent|li|cher,
  am or|dent|lichs|ten
die **Ord|nung,** die Ord|nun|gen
der **Ort,** die Or|te

P p

paar
das **Paar,** die Paa|re
das **Päck|chen,** die Päck|chen
pa|cken, er packt, er
  pack|te, er hat ge|packt
pas|sen, es passt, es
  pass|te, es hat ge|passt
das **Pferd,** die Pfer|de
die **Pflan|ze,** die Pflan|zen
pflan|zen, ihr pflanzt,
  ihr pflanz|tet,
  ihr habt ge|pflanzt
pfle|gen, sie pflegt, sie
  pfleg|te, sie hat ge|pflegt
pflü|cken, du pflückst,
  du pflück|test,
  du hast ge|pflückt
die **Pfüt|ze,** die Pfüt|zen

der **Pilz,** die Pil|ze
die **Piz|za,** die Piz|zas
der **Platz,** die Plät|ze
plat|zen, er platzt, er
  platz|te, er ist ge|platzt
plötz|lich
der **Punkt,** die Punk|te
pünkt|lich, pünkt|li|cher,
  am pünkt|lichs|ten
die **Pup|pe,** die Pup|pen
put|zen, ich put|ze,
  ich putz|te,
  ich ha|be ge|putzt

Q q

das **Qua|drat,** die Qua|dra|te
qua|ken, es quakt,
  es quak|te, es hat ge|quakt
die **Qual,** die Qua|len
quä|len, er quält, er
  quäl|te, er hat ge|quält
die **Quel|le,** die Quel|len
quer

R r

das **Rad,** die Rä|der
das **Ra|dio,** die Ra|di|os
der **Rah|men,** die Rah|men
der **Rat,** die Rä|te
das **Rät|sel,** die Rät|sel
der **Raub,** die Rau|be
rau|ben, er raubt,
  er raub|te, er hat ge|raubt
der **Räu|ber,** die Räu|ber
der **Raum,** die Räu|me
die **Rau|pe,** die Rau|pen
rech|nen, er rech|net,
  er rech|ne|te,
  er hat ge|rech|net
reg|nen, es reg|net,
  es reg|ne|te,
  es hat ge|reg|net
das **Reh,** die Re|he
die **Rei|he,** die Rei|hen
rei|sen, sie reist, sie reis|te,
  sie ist ge|reist

rei|ßen, es reißt, es riss, es ist ge|ris|sen
ren|nen, er rennt, er rann|te, er ist ge|rannt
ret|ten, sie ret|tet, sie ret|te|te, sie hat ge|ret|tet
die **Ret|tung**, die Ret|tun|gen
rie|chen, es riecht, es roch, es hat ge|ro|chen
roh, ro|her, am ro|hes|ten
rol|len, es rollt, es roll|te, es ist ge|rollt
der **Rol|ler**, die Rol|ler
ru|fen, er ruft, er rief, er hat ge|ru|fen
die **Ru|he**
ru|hig, ru|hi|ger, am ru|higs|ten
rüh|ren, er rührt, er rühr|te, er hat ge|rührt
rund, run|der, am run|des|ten

S s

der **Saal**, die Sä|le
die **Saat,** die Saa|ten
der **Sack**, die Sä|cke
saf|tig, saf|ti|ger, am saf|tigs|ten
sa|gen, er sagt, er sag|te, er hat ge|sagt
das **Salz**, die Sal|ze
sam|meln, ich samm|le, ich sam|mel|te, ich ha|be ge|sam|melt
die **Samm|lung**, die Samm|lun|gen
der **Sand**, die San|de
der **Satz**, die Sät|ze
sau|ber, sau|be|rer, am sau|bers|ten
die **Sau|ber|keit**, die Sau|ber|kei|ten
der **Scha|den**, die Schä|den
schäd|lich, schäd|li|cher, am schäd|lichs|ten

der **Schä|fer**, die Schä|fer
scharf, schär|fer, am schärfs|ten
der **Schat|ten**, die Schat|ten
schen|ken, ich schen|ke, ich schenk|te, ich ha|be ge|schenkt
der **Scherz**, die Scher|ze
schi|cken, ihr schickt, ihr schick|tet, ihr habt ge|schickt
schie|ben, er schiebt, er schob, er hat ge|scho|ben
schie|ßen, er schießt, er schoss, er hat ge|schos|sen
das **Schild**, die Schil|der
schimp|fen, sie schimpft, sie schimpf|te, sie hat ge|schimpft
schla|gen, er schlägt, er schlug, er hat ge|schla|gen
schlie|ßen, es schließt, es schloss, es hat ge|schlos|sen
schließ|lich
schlimm, schlim|mer, am schlimms|ten
der **Schluss**, die Schlüs|se
schme|cken, es schmeckt, es schmeck|te, es hat ge|schmeckt
der **Schmet|ter|ling**, die Schmet|ter|lin|ge
der **Schmutz**
schmut|zig, schmut|zi|ger, am schmut|zigs|ten
die **Schne|cke**, die Schne|cken
der **Schnee**
schnell, schnel|ler, am schnells|ten
schön, schö|ner, am schöns|ten
der **Schrank**, die Schrän|ke
der **Schreck**, die Schre|cken

schreck|lich, schreck|li|cher, am schreck|lichs|ten
schrei|ben, sie schreibt, sie schrieb, sie hat ge|schrie|ben
der **Schuh**, die Schu|he
die **Schu|le**, die Schu|len
der **Schutz**
schüt|zen, ihr schützt, ihr schütz|tet, ihr habt ge|schützt
schwach, schwä|cher, am schwächs|ten
der **Schwamm**, die Schwäm|me
schwarz
schweigen, er schweigt, er schwieg, er hat ge|schwie|gen
der **Schweiß**
schwer, schwe|rer, am schwers|ten
das **Schwert**, die Schwer|ter
schwie|rig, schwie|ri|ger, am schwie|rigs|ten
schwim|men, es schwimmt, es schwamm, es ist ge|schwom|men
der **See**, die Seen
se|hen, er sieht, er sah, er hat ge|se|hen
sehr
set|zen, ich set|ze, ich setz|te, ich ha|be ge|setzt
sie
das **Sieb**, die Sie|be
der **Sieg**, die Sie|ge
sit|zen, sie sitzt, sie saß, sie hat ge|ses|sen
das **Skate|board**, die Skate|boards
der **Sohn**, die Söh|ne
die **Son|ne**, die Son|nen
son|nig, son|ni|ger, am son|nigs|ten

die So|ße, die So|ßen
der Spaß, die Spä|ße
spät, spä|ter,
am spä|tes|ten
das Spiel, die Spie|le
spie|len, er spielt, er
spiel|te, er hat ge|spielt
spitz, spit|zer,
am spit|zes|ten
die Spit|ze, die Spit|zen
der Sport
sport|lich, sport|li|cher,
am sport|lichs|ten
spre|chen, du sprichst,
du sprachst,
du hast ge|spro|chen
sprin|gen, du springst,
du sprangst,
du bist ge|sprun|gen
sprit|zen, er spritzt, er
spritz|te, er hat ge|spritzt
der Stab, die Stä|be
die Stadt, die Städ|te
stark, stär|ker,
am stärks|ten
der Staub, die Stäu|be
ste|chen, sie sticht,
sie stach,
sie hat ge|sto|chen
ste|cken, es steckt, es
steck|te, es hat ge|steckt
der Steg, die Ste|ge
ste|hen, sie steht, sie
stand, sie hat ge|stan|den
stei|gen, er steigt, er stieg,
er ist ge|stie|gen
der Stein, die Stei|ne
stei|nig, stei|ni|ger,
am stei|nigs|ten
der Stich, die Sti|che
der Stiel, die Stie|le
still, stil|ler, am stills|ten
der Stock, die Stö|cke
sto|ßen, er stößt, er stieß,
er hat ge|sto|ßen
der Strand, die Strän|de

die Stra|ße, die Stra|ßen
der Strauch, die Sträu|cher
der Strauß, die Sträu|ße
stre|cken, sie streckt, sie
streck|te, sie hat ge|streckt
der Streit, die Strei|te
strei|ten, er strei|tet sich,
er stritt sich, er hat sich
ge|strit|ten
das Stück, die Stü|cke
der Stuhl, die Stüh|le
die Sup|pe, die Sup|pen
süß, sü|ßer,
am sü|ßes|ten
die Sü|ßig|keit,
die Sü|ßig|kei|ten

T t

die Ta|bel|le, die Ta|bel|len
der Tag, die Ta|ge
täg|lich
tan|zen, ihr tanzt,
ihr tanz|tet,
ihr habt ge|tanzt
die Tat|ze, die Tat|zen
der Tee, die Tees
der Teich, die Tei|che
teu|er, teu|rer,
am teu|ers|ten
der Text, die Tex|te
das The|a|ter, die The|a|ter
tief, tie|fer, am tiefs|ten
das Tier, die Tie|re
tra|gen, er trägt, er trug,
er hat ge|tra|gen
trau|rig, trau|ri|ger,
am trau|rigs|ten
tref|fen, sie trifft, sie traf,
sie hat ge|trof|fen
die Trep|pe, die Trep|pen
treu, treu|er,
am treu|es|ten
tro|cken, tro|cke|ner,
am tro|ckens|ten
trüb, trü|ber, am trübs|ten

U u

üben, ihr übt, ihr üb|tet,
ihr habt ge|übt
über|all
über|que|ren,
sie über|quert,
sie über|quer|te,
sie hat über|quert
die Übung, die Übun|gen
die Uhr, die Uh|ren
der Un|fall, die Un|fäl|le
un|ge|fähr
der Un|ter|richt,
die Un|ter|rich|te
un|ter|su|chen,
sie un|ter|sucht,
sie un|ter|such|te,
sie hat un|ter|sucht
der Ur|laub, die Ur|lau|be

V v

die Va|se, die Va|sen
der Va|ter, die Vä|ter
ver|bie|ten, ich
ver|bie|te, ich ver|bot,
ich ha|be ver|bo|ten
ver|ges|sen, du ver|gisst,
du ver|gaßt,
du hast ver|ges|sen
der Ver|kehr
ver|let|zen, er ver|letzt,
er ver|letz|te,
er hat ver|letzt
die Ver|let|zung,
die Ver|let|zun|gen
ver|lie|ren, sie ver|liert,
sie ver|lor,
sie hat ver|lo|ren
ver|ra|ten, er ver|rät,
er ver|riet,
er hat ver|ra|ten
ver|schlie|ßen,
ich ver|schlie|ße,
ich ver|schloss,
ich ha|be ver|schlos|sen

ver|schmut|zen,
er ver|schmutzt,
er ver|schmutz|te,
er hat ver|schmutzt
die **Ver**|**schmut**|**zung,**
die Ver|schmut|zun|gen
ver|**su**|**chen,** du ver|suchst,
du ver|such|test,
du hast ver|sucht
viel, mehr, am meis|ten
vier
der **Vo**|**gel,** die Vö|gel
voll, vol|ler, am volls|ten
vor|**her**
die **Vor**|**sicht**
vor|**sich**|**tig,**
vor|sich|ti|ger,
am vor|sich|tigs|ten

W w

die **Waa**|**ge,**
die Waa|gen
wach|**sen,** er wächst,
er wuchs,
er ist ge|wach|sen
die **Wahl,** die Wah|len
wäh|**len,** du wählst,
du wähl|test,
du hast ge|wählt
wahr
wäh|**rend**
die **Wahr**|**heit,**
die Wahr|hei|ten
der **Wald,** die Wäl|der
die **Wand,** die Wän|de
wan|**dern,**
ich wan|de|re,
ich wan|der|te,
ich bin ge|wan|dert
wann
warm, wär|mer,
am wärms|ten
das **Was**|**ser,** die Was|ser
wech|**seln,** sie wech|selt,
sie wech|sel|te,
sie hat ge|wech|selt

we|**cken,** du weckst,
du weck|test,
du hast ge|weckt
der **Weg,** die We|ge
das **Weih**|**nach**|**ten,**
die Weih|nach|ten
wei|**nen,** er weint,
er wein|te,
er hat ge|weint
weiß
weit, wei|ter,
am wei|tes|ten
die **Wel**|**le,** die Wel|len
we|**nig,** we|ni|ger,
am we|nigs|ten
wie
wie|**der**
die **Wie**|**se,** die Wie|sen
wild, wil|der,
am wil|des|ten
der **Wind,** die Win|de
win|**ken,** er winkt,
er wink|te,
er hat ge|winkt
win|**zig,** win|zi|ger,
am win|zigs|ten
wis|**sen,** du weißt,
du wuss|test,
du hast ge|wusst
der **Witz,** die Wit|ze
wit|**zig,** wit|zi|ger,
am wit|zigs|ten
die **Wo**|**che,** die Wo|chen
das **Wo**|**chen**|**en**|**de,**
die Wo|chen|en|den
woh|**nen,** ihr wohnt,
ihr wohn|tet,
ihr habt ge|wohnt
die **Woh**|**nung,**
die Woh|nun|gen
die **Wol**|**ke,** die Wol|ken
wün|**schen,** er wünscht,
er wünsch|te,
er hat ge|wünscht
die **Wur**|**zel,** die Wur|zeln
die **Wut**

wü|**tend,** wü|ten|der,
am wü|tends|ten

Z z

zäh, zä|her am zä|hes|ten
die **Zahl,** die Zah|len
zäh|**len,** sie zählt,
sie zähl|te,
sie hat ge|zählt
der **Zahn,** die Zäh|ne
der **Zaun,** die Zäu|ne
die **Ze**|**he,** die Ze|hen
zehn
zei|**gen,** es zeigt,
es zeig|te, es hat ge|zeigt
die **Zei**|**tung,** die Zei|tun|gen
die **Zer**|**stö**|**rung,**
die Zer|stö|run|gen
das **Zeug**|**nis,** die Zeug|nis|se
zie|**hen,** es zieht, es zog,
es hat ge|zo|gen
das **Ziel,** die Zie|le
das **Zim**|**mer,** die Zim|mer
der **Zoo,** die Zoos
der **Zu**|**cker**
zu|**frie**|**den,**
zu|frie|de|ner,
am zu|frie|dens|ten
der **Zug,** die Zü|ge
die **Zu**|**kunft**
zu|**letzt**
zu|**rück**
der **Zwerg,** die Zwer|ge
die **Zwie**|**bel,** die Zwie|beln

Übersicht über die Lerninhalte

Kapitel	Sprechen und zuhören	Lesen – mit Texten und Medien umgehen
Miteinander lernen	Sich über Gesprächsregeln verständigen: S. 6 Über Ferienerinnerungen sprechen: S. 6 Eigene Meinung begründen: S. 6–8 Wünsche formulieren: S. 7 Über Konflikte und Lösungsmöglichkeiten sprechen: S. 8, 14 Über Klassensprecherwahl sprechen: S. 12 Redensarten: S. 13 Über Gefühle sprechen: S. 13	Arbeitsanweisungen lesen und verstehen: S. 6–21 Texte präsentieren: Wunschzettel S. 7 Eine Streitszene nachspielen: S. 8
Gesund und munter	Über die Notwendigkeit von Hygieneregeln sprechen: S. 33	Arbeitsanweisungen lesen und verstehen: S. 22–37 Ein Gedicht betont vorlesen und nachspielen: S. 24 Eine Fantasiereise ausprobieren: S. 29 Einen Text laut vorlesen: S. 31 Eine Handlung nach Bildern verstehen und umsetzen (Rezept): S. 32 Piktogramme lesen und verstehen: S. 33
Du und ich und wir	Über Schule früher sprechen: S. 38–48 Über Belohnung sprechen: S. 39 Über Berufe früher und heute sprechen: S. 44 Einen Text mithilfe von Stichwörtern nacherzählen: S. 45–47	Arbeitsanweisungen lesen und verstehen: S. 38–53 Sütterlinschrift kennenlernen und mit der heutigen Schrift vergleichen: S. 38 Ein Plakat gestalten und präsentieren: S. 48/49
Traumhaft und fantasievoll	Zu Bildern erzählen: S. 56, 62–65 Sich gegenseitig Komplimente machen: S. 57	Arbeitsanweisungen lesen und verstehen: S. 54–69 Sprechblasen mit verteilten Rollen lesen: S. 54
Der Natur auf der Spur	Zu einem Sachbild und -text erzählen: S. 70, 72	Arbeitsanweisungen lesen und verstehen: S. 70–85 Einem Steckbrief Informationen entnehmen: S. 79, 81 Sich zu einem Sachthema informieren und Fragen beantworten: S. 80 Informationen für Sachtexte einholen: S. 81

Texte verfassen (Schreiben)	Sprache und Sprachgebrauch untersuchen	Richtig schreiben (Schreiben)
Gesprächsregeln/Klassenregeln aufschreiben: S. 6 Eine Ausstellung mit Ferienerinnerungen machen: S. 6 Einen Wunschzettel schreiben: S. 7 Einen Entschuldigungsbrief schreiben: S. 9	Satzarten: S. 10 Nomen: S. 11 Abstrakta: S. 13 Zusammengesetzte Nomen (Grund-, Bestimmungswort): S. 14	Großschreibung von Satzanfängen: S. 10 Großschreibung von Nomen (auch Abstrakta), zusammengesetzten Nomen: S. 11, 13/14 Wörter mit Sp/sp und St/st: S. 12 Wörter nach dem Alphabet ordnen: S. 15 Umgang mit dem Wörterbuch: S. 16 Fehlertexte überarbeiten: S. 17
Eine Handlungsabfolge in die richtige Reihenfolge bringen (Rezept): S. 32 Ein Rezept schreiben: S. 33 Ein Rezeptbuch zusammenstellen: S. 33	Verben: S. 22 Vorsilben: S. 23 Zusammengesetzte Nomen aus Verben und Nomen: S. 24 Wortbausteine -ung, -nis, -heit, -keit: S. 25 Wortbausteine: S. 26 Wortfamilien: S. 27	Kleinschreibung von Verben: S. 22 Großschreibung von zusammengesetzten Nomen: S. 24 Großschreibung von Nomen mit -ung, -nis, -heit, -keit: S. 25/26 Wortstamm als Rechtschreibhilfe: S. 27 lk, nk, rk, lz, nz, rz: S. 28 doppelte Mitlaute: S. 29 ck, tz: S. 30/31
Den eigenen Namen in Sütterlin schreiben: S. 38 Ein Plakat mit Namenskärtchen gestalten: S. 38 Stichwörter aus einem Sachtext herausschreiben: S. 45–47	Präsens/Präteritum: S. 42 Präsens/Präteritum/Perfekt: S. 43	ß: S. 39 Dehnungs-h: S. 40 ihm/ihn oder im/in: S. 41 Merkwörter mit langem i: S. 41 Wortbaustein -in: S. 44
Märchenfiguren beschreiben: S. 61 Eine Mindmap vervollständigen: S. 62 Eine Gruselgeschichte mit einer Mindmap planen und schreiben: S. 63 Stichwörter zu einer Geschichte aufschreiben: S. 64/65 Eine Geschichte mit Einleitung, Hauptteil und Schluss schreiben: S. 64/65	Wörtliche Rede: S. 54, 57 Adjektive: S. 55 Adjektive steigern: S. 56 Mit Adjektiven vergleichen: S. 57 -ig, -lich: S. 58 Zusammengesetzte Adjektive: S. 60	Zeichen der wörtlichen Rede: S. 54 Kleinschreibung von Adjektiven mit -ig und -lich: S. 58 Wörter mit b/d/g: S. 59 Kleinschreibung zusammengesetzter Adjektive: S. 60
Satzglieder umstellen, damit ein Text besser klingt: S. 75 Pronomen für Nomen einsetzen, damit ein Text besser klingt: S. 76 Einen Sachtext schreiben: S. 78/79, 81 Einen Sachtext überarbeiten: S. 79–81	Satzglieder: S. 74/75, 77 Personalpronomen: S. 76 Pronomen für Nomen: S. 76 Subjekt und Prädikat: S. 77	ie oder i?: S. 70 Silbentrennendes h: S. 71 Wörter mit ä und äu: S. 72/73

Kapitel	Sprechen und zuhören	Lesen – mit Texten und Medien umgehen
Bei uns und anderswo	Sprachen vergleichen: S. 86 Fremdwörter lesen und ihre Bedeutung erklären: S. 87 Mundart und Hochdeutsch vergleichen: S. 88 Über Schule in anderen Ländern sprechen: S. 90 Zu einer Bildergeschichte erzählen: S. 94	Arbeitsanweisungen lesen und verstehen: S. 86–101 Zungenbrecher in Mundart schnell lesen: S. 88 Eine Spielanleitung lesen und mit eigenen Worten wiedergeben: S. 96 Eine Spielanleitung auf ihre Richtigkeit hin überprüfen: S. 97 Eine Karteikartensammlung für Spiele anlegen: S. 97
Unsere Erde, unser Zuhause	Einen Vorgang/Abfolge erklären: S. 102 Zu einem Sachtext erzählen: S. 105/106 Diskutieren und Meinungen begründen: S. 110	Arbeitsanweisungen lesen und verstehen: S. 102–117 Einen Brief lesen: S. 104 Einem Sachtext Informationen entnehmen: S. 105/106 Schilder lesen: S. 110
Bücherwurm und Computermaus	Eine Umfrage machen: S. 118 Eine Pro-kontra-Diskussion führen: S. 119, 122 Eigene Meinung begründen: S. 123 Aufbau eines Buchtipps erklären: S. 124	Arbeitsanweisungen lesen und verstehen: S. 118–133 Einer Homepage Informationen entnehmen: S. 120/121 Informationen zum Lieblingsautor sammeln und ihn vorstellen: S. 121 Einen Buchtipp am Computer schreiben: S. 125 Ein Hörspiel planen und gestalten: S. 126/127
Durch das Jahr	Informationen recherchieren: S. 134, 139 Zu Bildern erzählen: S. 135, 138, 140, 142/143 Einen Rap nacherzählen: S. 136 Eine Geschichte weitererzählen: S. 136 Eigene Meinung begründen: S. 139 Ein Bild beschreiben: S. 140, 142 Ideen für einen Comic sammeln: S. 143	Arbeitsanweisungen lesen und verstehen: S. 134–143 Einen Bastelvorgang gedanklich und handelnd nachvollziehen: S. 134, 138 Einen Rap rhythmisch sprechen, mit Instrumenten begleiten: S. 136 Einen Rap nachspielen: S. 136 Eine Handlungsanweisung Bildern zuordnen: S. 134, 138 Texten und Bildern Informationen entnehmen: S. 139 Plakate gestalten und ausstellen: S. 139 Zu Gedichten malen: S. 140/141 Ein Gedicht lesen, interpretieren und betont vortragen: S. 142 Einen Comic zu Ende zeichnen: S. 143
Kompendium		

Texte verfassen (Schreiben)	Sprache und Sprachgebrauch untersuchen	Richtig schreiben (Schreiben)	
Ein Mundartenbuch zusammenstellen: S. 88 Texte nach Einleitung, Hauptteil, Schluss sortieren: S. 92/93 Den Mittelteil einer Geschichte schreiben: S. 93 Den Hauptteil und Schluss einer Geschichte schreiben: S. 93 Stichwörter zu einer Bildergeschichte schreiben: S. 94 Eine Bildergeschichte schreiben: S. 94 Eine Geschichte überarbeiten: S. 95 Eine Spielanleitung schreiben und überarbeiten: S. 97	Sprachen vergleichen: S. 86 Subjekt und Prädikat: S. 90 Zweiteilige Prädikate: S. 91	Fremdwörter: S. 86/87 aa, ee: S. 89 paar/Paar: S. 89	(M) (M) (M)
Einen Erlebnisbericht schreiben: S. 108/109 Stichwortkarten anfertigen: S. 109 Einen Erlebnisbericht überarbeiten: S. 109 Eigene Verbotsschilder gestalten: S. 110 E-Mails lesen und schreiben: S. 111 Ein Interview planen und durchführen: S. 112/113	Gegenteilige Adjektive mit un-: S. 103 Wortstamm: S. 104 Zeit- und Ortsbestimmung: S. 106 Präteritum und Perfekt: S. 107	Großschreibung zusammengesetzter Nomen: S. 102 ss: S. 104 Qu/qu: S. 105 Anredepronomen: S. 111	(Aa?) (M) (Aa?)
Einen Fragebogen entwerfen: S. 118 Ein Tagebuch schreiben: S. 122 Ein Lesetagebuch schreiben: S. 123 Mithilfe eines Stichwortzettels einen Buchtipp schreiben: S. 124	Oberbegriffe: S. 118	b/d/g am Wortende: S. 128 b/d/g im Wortinneren: S. 129	(↪) (↪)
Eine Bastelanleitung schreiben: S. 134 Stichwörter zu Fragen notieren: S. 135 Eine Bildergeschichte schreiben: S. 135 Ein Parallelgedicht schreiben: S. 137 Ein Rezept schreiben: S. 138 Eine Mindmap erstellen: S. 140/141 Geschichten und Gedichte zu einem Bild schreiben: S. 140 Ein Frühlingsbuch anlegen: S. 140 Ein Haiku schreiben: S. 141 Eine Geschichte weiterschreiben: S. 142 Postkarte/Brief schreiben: S. 143	Zusammengesetzte Nomen: S. 137 Silbenbögen: S. 141	Reimwörter: S. 137	
Eine Geschichte planen und schreiben: S. 148/149 Eine Geschichte überarbeiten: S. 150 Einen Erlebnisbericht planen und schreiben: S. 151 Einen Sachtext planen und schreiben: S. 152/153 Einen Sachtext überarbeiten: S. 154 Personenbeschreibung: S. 155	Fachbegriffe: S. 144–147	Texte überarbeiten: S. 150, 154	

Verfasser- und Quellenverzeichnis

S. 120/121: http://www.gregstagebuch.de/autor.cfm, Homepage www.gregstagebuch.de © 2014 by Bastei Lübbe AG, Cologne, Germany; Konzept/Design/Realisierung der Website: Wirth & Horn Informationssysteme GmbH http://www.wirth-horn.de.
S. 123: Lesetagebuchausschnitte von Malena. Originalbeitrag. **S. 123:** Lesetagebuchausschnitte von Elisabeth. Originalbeitrag.
S. 126/127: Ausschnitt aus: Scheffler, Axel (Ill.)/Donaldson, Julia (Autorin): Der Grüffelo. © 1999, 2002 Beltz & Gelberg in der Verlagsgruppe Beltz, Weinheim Basel. Alle Rechte für die deutschsprachige Ausgabe vorbehalten Macmillan Children's Books, London. Bilder © 1999 Axel Scheffler, Text © Julia Donaldson. Aus dem Englischen von Monika Osberghaus. **S. 136:** Bethlehem-Rap. Text und Musik: Joachim Christian Rau. © Joachim Christian Rau. Mit freundlicher Genehmigung von Joachim Christian Rau. **S. 137:** Schwarz, Regina: Wo man Geschenke verstecken kann. Aus: Gelberg, H.-J. (Hrsg.): Großer Ozean. Gedichte für alle. Beltz & Gelberg, Weinheim Basel 2006. **S. 141:** Seepe-Smit, Britta: 3 Haikus. Originalbeiträge. **S. 142:** Halbey, Hans A.: Urlaubsfahrt. Aus: Halbey, Hans A./Leonhard, Leo: Es wollt ein Tänzer auf dem Seil den Seiltanz tanzen eine Weil. Sauerländer, Frankfurt am Main 1977.

Sollte es in einem Einzelfall nicht gelungen sein, den korrekten Rechteinhaber ausfindig zu machen, so werden berechtigte Ansprüche selbstverständlich im Rahmen der üblichen Regelungen abgegolten.

Bildquellenverzeichnis

S. 39.1: Interfoto (TV-Yesterday), München; **S. 47.1:** Ullstein Bild GmbH (Süddeutsche Zeitung Photo/Scherl), Berlin; **S. 48.1:** Ullstein Bild GmbH (Süddeutsche Zeitung Photo/Scherl), Berlin; **S. 48.2:** Ullstein Bild GmbH (BSIP/LEMOINE), Berlin; **S. 75.1:** Thinkstock (maggieddd), München; **S. 76.1:** shutterstock.com (chris2766), New York, NY; **S. 76.2:** Getty Images (Visuals Unlimited), München; **S. 76.3:** Imago, Berlin; **S. 78.1:** Thinkstock (mtreasure), München; **S. 79.1:** Imago, Berlin; **S. 79.2:** Fotolia.com (Eric Isselée), New York; **S. 80.1:** Fotolia.com (cbckchristine), New York; **S. 81.1:** shutterstock.com (Vinne), New York, NY; **S. 90.1:** f1 online digitale Bildagentur (Bachmann), Frankfurt; **S. 105.1:** Picture-Alliance (blickwinkel/W. Layer), Frankfurt; **S. 106.1:** Picture-Alliance (Patrick Pleul), Frankfurt; **S. 110.1:** Thinkstock (iStock/xyno), München; **S. 110.2:** shutterstock.com (FooTToo), New York, NY; **S. 110.3:** Fotolia.com (T. Michel), New York; **S. 110.4:** Fotolia.com (Bobo), New York; **S. 119.1:** Hörbuch: Jeff Kinney, Gregs Tagebuch 9 – Böse Falle © 2014 Baumhaus Verlag in der Bastei Lübbe AG, Köln. © Jeff Kinney DIARY OF A WIMPY KID®, WIMPY KID TM, and the Greg Heffley design TM are trademark of Wimpy Kid, Inc.; **S. 120.1/121.1:** © Jeff Kinney DIARY OF A WIMPY KID®, WIMPY KID TM, and the Greg Heffley design TM are trademark of Wimpy Kid, Inc.; **S. 123.1:** Schülerarbeit; **S. 123.2:** Schülerarbeit; **S. 123.3:** Jeff Kinney, Gregs Tagebuch 6 – Keine Panik! © 2011 Baumhaus Verlag in der Bastei Lübbe AG, Köln. © Jeff Kinney DIARY OF A WIMPY KID®, WIMPY KID TM, and the Greg Heffley design TM are trademark of Wimpy Kid, Inc.; **S. 123.4:** Carola Wimmer, Ostwind – Zusammen sind wir frei © 2013 cbj in der Verlagsgruppe Random House GmbH, München; **S. 124.1:** Hilke Rosenboom, Ein Pferd namens Milchmann. Illustrationen von Anke Kuhl © Carlsen Verlag GmbH, Hamburg 2005; **S. 125.1:** Screenshot_1; **S. 125.2:** Screenshot_2; **S. 126.1:** Illustration von Axel Scheffler, aus: Julia Donaldson/Axel Scheffler, Der Grüffelo © 1999 Beltz & Gelberg in der Verlagsgruppe Beltz, Weinheim/Basel. Originalausgabe: The Gruffalo: First published 1999 by Macmillan Children's Books. Text Copyright © Julia Donaldson 1999. Illustrations copyright © Axel Scheffler 1999; **S. 126.2:** Illustration von Axel Scheffler, aus: Julia Donaldson/Axel Scheffler, Der Grüffelo © 1999 Beltz & Gelberg in der Verlagsgruppe Beltz, Weinheim/Basel. Originalausgabe: The Gruffalo: First published 1999 by Macmillan Children's Books. Text Copyright © Julia Donaldson 1999. Illustrations copyright © Axel Scheffler 1999; **S. 126.3:** Julia Donaldson/Axel Scheffler, Der Grüffelo, Pop-up-Theaterbuch © 2009 Beltz & Gelberg in der Verlagsgruppe Beltz, Weinheim/Basel; **S. 134.1:** shutterstock.com (Ramona Heim), New York, NY; **S. 134.2:** Fotolia.com (ingwio), New York; **S. 134.3:** shutterstock.com (stieberszabolcs), New York, NY; **S. 134.4:** shutterstock.com (Valenta), New York, NY; **S. 134.5:** shutterstock.com (Khudoliy), New York, NY; **S. 134.6:** shutterstock.com (Romas_Photo), New York, NY; **S. 134.7:** shutterstock.com (Dimedrol68), New York, NY; **S. 134.8:** Schülerarbeit; **S. 134.9:** Schülerarbeit; **S. 134.10:** Schülerarbeit; **S. 154.1:** shutterstock.com (Martin Fowler), New York, NY

Sollte es in einem Einzelfall nicht gelungen sein, den korrekten Rechteinhaber ausfindig zu machen, so werden berechtigte Ansprüche selbstverständlich im Rahmen der üblichen Regelungen abgegolten.